AF491147

EL DIVORCIO

Causas y Efectos

Pasos Para Evitar Un Divorcio

SALVADOR MOLINA

EL DIVORCIO
Causas y Efectos
Pasos Para Evitar Un Divorcio

www.salvadormolina.com

*Los esposos deben amar a sus esposas, así como
Cristo amó a la iglesia y dio su vida por ella.
Efesios 5:25* TLA

Contenido

Dedicatoria

Quiero humildemente dedicar este libro a cada uno de mis hermanos en la fe, a mis amigos y consiervos en el ministerio que lamentablemente sucumbieron ante esta pandemia del Covid-19.

«En cuanto a mí, mi vida ya fue derramada como una ofrenda a Dios. Se acerca el tiempo de mi muerte. He peleado la buena batalla, he terminado la carrera y he permanecido fiel. Ahora me espera el premio, la corona de justicia que el Señor, el Juez justo, me dará el día de su regreso; y el premio no es sólo para mí, sino para todos los que esperan con anhelo su venida.» 2 Timoteo 4:6-8 NTV.

Agradecimiento

Quiero agradecerle con todo mi corazón al Dios de Abraham, al Dios de Isaac, al Dios de Jacob por permitirme terminar de escribir este libro, el cual espero sea de mucha bendición para los matrimonios. Por un momento pensé que nunca terminaría de escribir este libro. Estaba escribiendo el capítulo 9 cuando adquirí el Covid-19. Fueron dos semanas en las cuales sufrí los azotes y quebrantos de esta pandemia, la cual lamentablemente ha terminado con la vida de muchos amigos míos, hermanos en la fe y algunos pastores.

Nuestro Dios es soberano y no tenemos argumentos sobre por qué unos hemos podido vencer esta pandemia y otros no, creo que solamente en medio del quebranto podemos clamar por su infinita misericordia y esperar que se haga su santa voluntad y cualquiera que sea aceptarla sabiendo que su palabra dice, *«Ninguno de nosotros vive para sí mismo ni muere para sí mismo. Si vivimos, para el Señor vivimos; y si morimos, para el Señor morimos. De manera que, tanto en la vida como en la muerte, del Señor somos.»* Romanos 14:7-8 DHH.

Introducción

El propósito principal de este libro es llegar a toda persona divorciada o en proceso de divorcio, y pretende, sobre todo, ayudar de una forma directa a los matrimonios establecidos para evitar los problemas que pueden llevarlos al divorcio, enfrentarlos y luchar para vencerlos y salvar sus matrimonios. Se han escritos numerosos libros enfocados al tema, pero, por diferentes razones muchos todavía no han entendido que la estructura matrimonial no fue inventada por el hombre, si no que fue desde el principio de la creación una idea de Dios. Cuando Él crea el Universo, la familia nace en el corazón de Dios. Desde el preciso momento en que Él puso a Adán en el huerto del Edén comienza en realidad a preocuparse por el cuidado de su creación: *«Luego Dios dijo: "No está bien que el hombre esté solo. Voy a hacerle alguien que lo acompañe y lo ayude"».* Génesis 2:18. TLA.

Considero que una de las peores experiencias que un matrimonio pueda experimentar es la ruptura con su pareja, la persona con la que soñó estar el resto de su vida, acompañándose con amor hasta que la muerte los separara. Experimentar un divorcio es en sí una catástrofe emocional cuyas consecuencias no sólo afectan la vida de los que han tomado la decisión de divorciarse, sino también a sus familiares y amistades; además trae consigo problemas psicológicos y, al final, es una causa de desestabilización en la sociedad que vivimos. Es por eso increíble que hoy en día muchos vean el divorcio como algo tan natural, que si no se entendieron con su pareja simplemente recurren al divorcio y ya. Por lo general son personas egoístas a quienes lo único que les importa es cómo ellas se sienten y lo que más les conviene, no piensan, la mayoría de los casos, en los hijos que son el producto de la relación que terminan y que son ellos, a la larga, quienes pagarán las consecuencias de las acciones tomadas por sus padres. En mi matrimonio nos sorprende ver como la estructura e integración matrimonial ha venido sufriendo en los últimos años, muchas personas se admiran cuando les compartimos que llevamos casados 34 años con mi amada esposa.

Las últimas estadísticas revelan que de cada 100 matrimonios el 40.5 % terminan en divorcio, esto quiere decir que de esas cien parejas que se casaron más de 40 de ellas se divorcian. Esto, según los estudios, se refleja en los primeros dos o tres años de casados, si es que no en los primeros meses. Pero, el problema mayor, como expresé anteriormente, que se puede apreciar en estas separaciones es que muchas de las parejas ya han tenido familia, por lo menos un hijo que saldrá afectado y, cuando esta situación se produce fuera de Estados Unidos, donde la mujer puede buscar legalmente la manutención para su hijo, probablemente queden en el desamparo.

Es muy probable que algún lector de este libro esté atravesando la etapa de una separación y crea que lo peor que le pudo haber pasado en la vida es el matrimonio, pero esto es completamente errado. Al contrario, para Dios el matrimonio es una bendición.

> *«Fue así como Dios creó al ser humano tal y como es Dios. Lo creó a su semejanza. Creó al hombre y a la mujer, y les dio esta bendición: Quiero que se reproduzcan, quiero que se multipliquen, quiero que llenen la tierra y la pongan bajo su dominio. Que*

dominen a los peces del mar y a las aves del cielo, y a todos los seres vivos que se arrastran por el suelo.» Génesis: 1:27 TLA.

Sin duda alguna cuando Dios formo la constitucionalidad familiar, lejos estaba en la mente o propósitos de Dios que la desintegración familiar surgiera dentro de los fundamentos familiares, Él mismo plasmo en su palabra: *«De esta manera, los que se casan ya no viven como dos personas separadas, sino como si fueran una sola. Por tanto, si Dios ha unido a un hombre y a una mujer, nadie debe separarlos.»* Mateo 19:6 <u>TLA</u>.

Como ministro del evangelio y consejero matrimonial, al considerar las estadísticas antes mencionadas no dejo de inquietarme. Aunque no queramos aceptarlo sabemos que la separación, no obstante, puede ser una opción legítima, pero también debemos saber que tomar la decisión de separarnos, además que va en contra de los estatutos de nuestro Dios, con seguridad producirá un impacto negativo en la vida de la mayoría de las parejas que se ven forzadas, por diferentes circunstancias, a tomar una decisión como esta. No dudemos tampoco de que una situación así es muy compleja, tiene efectos legales, económicos, sociales, familiares y, sobre todo, emocionales.

Por lo regular existen ciertas razones muy comunes por las cuales se producen las separaciones dentro de un matrimonio, y estas suelen ser, por lo regular, la infidelidad y las dificultades sexuales, estas no solo son muy difíciles de superar, sino que llevan a que las parejas se separen cada vez más pronto.

En este libro examinaremos las causas y efectos más comunes que un matrimonio enfrenta día a día antes de llegar a tomar la decisión de separarse. Nadie se levanta un buen día y dice hoy me voy a divorciar, no... hay una serie d razones por las cuales surge un divorcio. Como consejero matrimonial no tendría mucho sentido que escribiera este libro para sólo ver las causas que provocan el divorcio, por eso mi enfoque principal es en el cómo podemos superarlas y sobreponernos a ellas para evitar a toda costa que un día usted tome la decisión de separarse de su pareja, y evitar así mismo que con su decisión afecte también a los hijos, familiares y círculo de amistad.

Cada uno de los puntos que estaremos desglosando y examinando en este libro es el producto del testimonio y la experiencia de varias parejas que tomaron la decisión de separarse. Vale decir que algunos se arrepienten de no haber hecho mucho más para superar las dificultades y salir adelante en su matrimonio, pero, lamentablemente hay decisiones que uno toma en la vida que es casi imposible volver atrás.

Sé que muchos hoy en día han optado mejor por no casarse, antes que enfrentar esta serie de problemas, pero mi deseo es, que si todavía no te has casado no dejes de leer este libro ya que tengo la plena seguridad que te ayudará grandemente para que tomes la decisión de casarte cuando lo consideres apropiado. Y, si estás atravesando por un divorcio, al seguir con fe y acción los consejos que en este libro te brindo podrás ayudarte a salvar tu matrimonio.

Capítulo 1

EL DIVORCIO

Lo más probable es que pasaran años para que encontraras a tu príncipe azul, como decimos comúnmente, o para que llegara a tu vida tu hermosa princesa, y otros años más, ahorrando y planificando para el día de tu boda de ensueño. Es claro que ni por asomo está en tu agenda que el bello matrimonio al que te entregas termine en divorcio, quizás a los pocos meses de casados o, más dolorosamente, muchos años después.

Pero, entremos en materia... ¿Qué es el divorcio? El divorcio es la disolución del vínculo matrimonial. En términos sociales, el divorcio es la forma legal de terminar con el contrato de matrimonio; en otras palabras, el divorcio es una vía legal que se abre para disolver un matrimonio y permitir consecuentemente que los miembros de éste vuelvan a casarse con quien deseen posteriormente. Más adelante veremos cuál es la postura de la iglesia respecto al tema del divorcio, pero, en la sociedad una vez que una persona se divorcia, las leyes terrenales le dan la facultad de volver a casarse.

Queramos aceptarlo o no, no es fácil afrontar un divorcio, y más difícil si han sido muchos años de convivencia con nuestro ex cónyuge. Además, la persona divorciada debe soportar la presión social y familiar derivada de tomar una decisión tan radical. Pero, el daño más considerable, desde mi punto de vista, es mirar cómo nuestros sueños se desmoronan de la noche a la mañana asestando un directo y duro golpe a la autoestima personal.

De las parejas que Dios me ha permitido casar, gracias a Él ninguna ha terminado en divorcio. Pero sí me quedo sorprendido de ver cómo dos personas que se han amado pueden llegar a tratarse tan mal en un proceso de divorcio. El mismo dolor que están experimentando les hace perder la cordura a muchos esposos y esposas en proceso de divorcio o recién divorciados, a tal grado que algunos no sólo ofenden al otro y tratan de causarles daño físico. Es frecuente también, particularmente en la mujer, que se busque dañar al otro impidiendo que vea a los hijos. Ciertamente, esa es una actitud que nace del dolor que hay en su corazón y, aunque no es correcta, es comprensible ya que es doloroso y difícil aceptar una separación, sobre todo si ha habido, por ejemplo, una infidelidad de por medio.

Una de las preguntas que podemos hacernos es, ¿por qué un matrimonio pensado para durar toda la vida termina en divorcio? Nadie comienza una relación pensando en que durará solo un par de años en el mejor de los casos. En este libro examinaremos algunas razones que a mi parecer propician y llevan a la disolución legal de los matrimonios.

Una relación no se fractura de la noche a la mañana, así como nuestro cuerpo comienza a sentir síntomas antes de enfermarse; considero que en el matrimonio también se manifiestan síntomas, que, si no se atienden a tiempo, tarde o temprano nos pasarán factura. Es impostergable atender tales síntomas antes de llegar a la terrible decisión del divorcio. Lamentablemente, muchos matrimonios vienen enfermos desde el inicio. Es el caso de quienes se casan por razones ajenas a la voluntad de Dios. Afirmo esto porque muchas parejas, cuando entran a mi oficina para exponerme su decisión a favor del divorcio, así lo dejan claro: cuando decidieron casarse no vieron el matrimonio como una institución establecida por nuestro Dios, si no como un medio para complementar ciertas necesidades que tenían en un momento determinado.

Uno de los factores que hacen a una persona casarse equivocadamente es la soledad. La soledad es uno de los motivos por el cual muchas personas de ambos sexos un día determinan dar el paso y se casan. Esto en sí mismo no es negativo, desde el principio de la creación el mismo Dios reconoce que no es bueno que el hombre este solo: «*Luego Dios dijo: "No está bien que el hombre esté solo. Voy a hacerle alguien que lo acompañe y lo ayude".*» Génesis 2:18 TLA... Es comprobado, también, que la soledad no es buena para el ser humano. Aunque algunas personas viven la mayoría de tiempo solas y aparentan llevar una vida normal, en realidad no es así. De hecho, una gran cantidad de suicidios son realizados por personas que viven solas.

Pero, ¿qué es la soledad? La soledad es la carencia de compañía. Dicha carencia puede ser voluntaria en muchas ocasiones cuando la persona decide estar sola, o involuntaria, cuando por razones ajenas a su voluntad se encuentra sola. Ahora bien, vemos que Dios después de hacer al hombre y colocarlo en el huerto del Edén no encontró ayuda idónea para él, por lo tanto, nuestro Dios formó una compañera idónea para Adán: «*Y Jehová Dios hizo caer sueño sobre Adán, y se quedó dormido: entonces tomó una de sus costillas, y cerró la carne en su lugar; Y de la costilla que Jehová Dios tomó del hombre, hizo una mujer, y la trajo al hombre.»* Génesis 2: 21-22 RV... Vemos que desde el principio de la creación el plan de una unión matrimonial ya estaba en los planes de Dios y que esto es lo correcto y perfecto para el ser humano.

Pues, bien, es momento que nos hagamos una pregunta básica, ¿por qué me casé?

Aquí, generalmente, comienzan los problemas que llevarán al matrimonio a tomar un día la decisión de separarse. Resulta que la razón principal del matrimonio para muchas parejas nunca fue el amor que sentían por la otra persona en particular, sino que lo hizo para no estar solo. Un gran porcentaje de parejas hoy en día rehúsan casarse y toman la decisión de unir sus vidas a otra persona con el único propósito de no estar solos. Muchas de estas parejas no se casan, solamente se unen pensando de antemano que, si no les conviene estar con esa persona, pues, simplemente toman sus cosas y se marchan, sabiendo que no hay nada, legalmente hablando, que los ate uno al otro. Los cristianos sabemos que las cosas son diferentes, ya que no se puede estar acompañado con una pareja sin estar debidamente casados. Lo contrario indicaría que esa pareja está viviendo en fornicación, pecado que Dios condena enfáticamente: *«Honroso sea en todos el matrimonio, y el lecho sin mancilla; pero a los fornicarios y a los adúlteros los juzgará Dios.»* Hebreos 13:4 RV.

(Esto que explicare rápidamente podría parecerle irrelevante, quizás para usted sea obvio, mas no así para otras personas: debemos tener bien clara cuál es la diferencia entre adulterio y fornicación... El adulterio se origina cuando alguno de los cónyuges casado determina tener una relación sexual con otra persona que no es su esposo o esposa. La fornicación es manifiesta cuando dos personas mantienen relaciones sexuales sin estar casados. Ahora, cuando un casado tiene relaciones sexuales con una persona soltera, el casado comete adulterio y la soltera comete fornicación; si los dos estuvieran casados, ambos cometerían adulterio. Explico esto porque me he dado cuenta que muchas parejas que llegan a mi oficina carecen del conocimiento específico de la diferencia entre adulterio y fornicación).

Uno de los mayores errores que una persona puede cometer es casarse para suplir una necesidad y no hacerlo por amor. La soledad como tal no es mala, es bueno que dentro del matrimonio se respeten los espacios de cada uno de los cónyuges, pero, dicha soledad debe ser canalizada cuidadosamente y enfocada en necesidades específicas tanto materiales como espirituales.

«Por eso, ninguno de los dos debe decirle al otro que no desea tener relaciones sexuales. Sin embargo, pueden ponerse de acuerdo los dos y dejar de tener relaciones por un tiempo, para dedicarse a orar. Pero después deben volver a tener relaciones; no vaya a ser que, al no poder controlar sus deseos, Satanás los haga caer en una trampa.» 1 Corintios 7:5 TLA.

Aunque este versículo es bien específico sobre las relaciones sexuales, es muy importante también que las parejas sepan respetar el espacio del otro, pero cuidando mucho que ese aislamiento sea sano y no frecuente. En algún momento su pareja puede querer cortos momentos de soledad, y hasta cierto punto es bueno que sea así. Sin embargo, cuando el sentimiento de soledad y aislamiento empeora y continúa a largo plazo, se vuelve perjudicial y es necesario tratarlo debida y puntualmente.

La soledad, pues, como base de un matrimonio puede llevar al divorcio, algo sumamente trágico que quebranta la institucionalidad que Dios estableció y Jesús mismo lo manifestó.

> *«Jesús les respondió: ¿No recuerdan lo que dice la Biblia? En ella está escrito que, desde el principio, Dios hizo al hombre y a la mujer para que vivieran juntos. Por eso Dios dijo: "El hombre tiene que dejar a su padre y a su madre, para casarse y vivir con su esposa. Los dos vivirán como si fueran una sola persona." De esta manera, los que se casan ya no viven como dos personas separadas, sino como si fueran una sola. Por tanto, si Dios ha unido a un hombre y a una mujer, nadie debe separarlos.»* Mateo 19:4-6 TLA

De hecho, el divorcio marca la vida del que lo realiza para toda su vida: desde el momento en que se separa tendrá que usar la palabra divorciada o divorciado, nuestra sociedad lamentablemente es tan cruel que se ensaña más con la mujer; ella como divorciada, más que el hombre, se convierte en víctima de un disimulado maltrato social que toma la forma de una serie de mitos alrededor de *la mujer divorciada*, sobre todo, en sectores sociales más conservadores como las iglesias, y además enfrenta el terrible ambiente machista que ejerce presión sobre ella.

Acontece con frecuencia que, a raíz del divorcio, los amigos y familiares la ven como una mala mujer porque *decepcionó* al círculo familiar y el entorno de amistad, bajo el supuesto que se ha revelado contra los principios impuestos por la sociedad, la familia, y, sobre todo, la iglesia.

Es lamentable observar como la sociedad, especialmente los hombres, desvalorizan a la mujer divorciada; para ellos, la mujer divorciada es *fácil*. El hombre en su ceguera machista piensa que la mujer divorciada es sexualmente fácil y dispuesta a complacer a cualquiera; es más, la descalifican ante cualquier intento de retomar su rol en la sociedad y rehacer su vida como una mujer divorciada. A estas negatividades se suma una más si ella tiene hijos. Estúpidamente muchos creen que una mujer con hijos no vale nada y es una mujer fácil; sin embargo, la mujer, sin importar que sea divorciada, debe cuidar su autoestima, darse su lugar esté donde esté y no olvidar nunca que como mujer es una creación del mismo Dios.

Para concluir este capítulo reseño una serie de factores que afectan directamente la vida de quienes enfrentan un divorcio.

Personal

Anteriormente expresé que un divorcio afecta directamente la vida personal del que lo enfrenta. La autoestima de la persona, hombre o mujer, cae por los suelos, se sienten rechazadas, fracasadas; pero más que todo, culpables por no haber podido mantener su matrimonio. Entonces comienzan a autocalificarse de incapaces para complacer a su pareja, de ser una mala persona, torpe, incompetente, y comienza a echarse toda la culpa, asume que el fracaso del matrimonio fue por sus propios errores. Estos sentimientos, sin duda, destrozan la autoestima de cualquiera

Económico

Debemos tomar siempre en consideración que un divorcio por lo general resulta sumamente caro económicamente. Un divorcio implica cambios económicos importantes para ambos, más allá de los gastos específicos del mismo divorcio. Una vez realizado el divorcio, surgen nuevas responsabilidades ante la expareja, como gastos de casa, estudio y manutención de los hijos.

El aspecto económico se complica más cuando la mujer no trabaja y depende únicamente de lo que su expareja determine darle. No cabe duda que estos cambios económicos afectan también y de manera directa a los hijos... En tales circunstancias, si ella es consciente y ordenada podrá aprender a administrar mejor la economía de su hogar.

Laboral

Aunque un divorcio no surge de la noche a la mañana, el tomar la decisión de hacerlo si puede surgir repentinamente, impulsado por un cambio emocional drástico que se sufre al saber que hemos fracasado en nuestro matrimonio; esta percepción crea en nosotros un caos emocional que se refleja directamente en nuestro desempeño laboral.

Esto puede implicar un bajo rendimiento en nuestras labores, dificultades con nuestros compañeros de trabajo, falta de concentración en nuestras responsabilidades. De esa forma la persona divorciada cae en una situación de riesgo laboral; si tiene suerte y su empleador considera su estado emocional, quizá determine darle un par de semanas libres, pero si no es así, se expone, y es lo más frecuente, a ser despedido.

Social

Culturalmente hablando, a los hispanos, como comúnmente nos distinguen, nos gusta compartir con muchas amistades y tener una vida social activa. Esta sin duda es una esfera de la vida social que el divorcio más afecta: por el estado de ánimo decaído debido al proceso que está pasando, la persona divorciada suele reducir su relación con las amistades dejando de participar en muchas de las actividades que hasta hace poco eran normales y cotidianas, porque se sienten completamente solos, puesto que son actividades que las efectuaba siempre en compañía de su pareja.

Otra de las razones por las cuales reducimos el círculo de amistades es que algunos amigos en común, en recurrentes casos, toman partido a favor de uno de los divorciados y esto, por lo general, causa tención entre las amistades, ya sea porque intentan aconsejar o, al contrario, presionar al amigo o amiga que se está divorciando para que no lo haga. Esto, sin duda, aumenta el caos emocional.

Psicológico

Hay muchos factores que deben afrontarse durante un divorcio y los aquí expuestos son sólo algunos. Pero uno de los más dañinos y difíciles de poder superar se desarrolla en el plano psicológico: la depresión.

Un divorcio es un hecho muy estresante y traumático donde el dolor es tan excesivo que la persona afectada llega a experimentar diversos síntomas de depresión: no poder dormir, consumo excesivo de alcohol y en casos extremos hasta llegar a usar drogas; fatiga excesiva, dificultad de concentración, comer en exceso, sentimiento de culpa, ansiedad o inquietud; pensamientos negativos, pérdida de interés en actividades comunes de nuestra vida cotidiana... No podemos ignorar cada uno de estos síntomas, tienen que ser tratados con la preocupación necesaria; y cuando a causa del divorcio, el estrés y su alto nivel de depresión comienza a producir pensamientos suicidas, es de suma importancia buscar de inmediato ayuda profesional.

El divorcio, reitero, es una de las circunstancias más estresantes que una persona puede vivir; afecta directamente la salud emocional y física de las personas. Es comprobado que las personas que pasan por un divorcio son relativamente más enfermas que el resto de la población, y la mayoría de veces son enfermedades crónicas y terminales, en las cuales incide el alto grado de estrés y el bajo nivel de felicidad.

Algunas parejas que tomaron la decisión de divorciarse me han confesado que el dolor de una separación solo puede compararse con el dolor de perder a un ser querido. Por eso debemos entender que las consecuencias del divorcio son sumamente dolorosas y afectan todas las áreas de la vida de la persona que se está divorciando. Un divorcio no es fácil, no importa quién sea el causante del mismo. Los estragos en muchas ocasiones son muy difíciles de superar con el esfuerzo personal, solo Dios puede fortalecerle para no tomar decisiones equivocadas peores aún que el divorcio, como quitarse la vida o quitársela a su pareja.

Hemos analizado a grandes rasgos los daños que un divorcio causa en las personas que deciden separarse. La mayoría de veces esas separaciones son la consecuencia de llegar al matrimonio con nociones equivocadas y desconociendo lo establecido por Dios. En los siguientes capítulos abordaremos las causales más frecuentes de divorcio, de tal manera que podamos estar alertas para evitar cometer errores y poder construir matrimonios felices y saludables conforme a la perfecta voluntad de Dios.

Capítulo 2

CASARSE DEMASIADO JOVENES

En el capítulo anterior hablamos de las secuelas que un divorcio produce en las personas que lo padecen; a partir del presente hasta el final de este libro recorreremos las diferentes causas por las cuales un matrimonio puede terminar en divorcio y cómo se puede superar tal adversidad y luchar para salvar nuestros matrimonios.

Hay una serie de especulaciones y debates para determinar la edad correcta para casarse; si quisiéramos ser específicos, la verdad es que nadie sabe a ciencia cierta cuál sería. Como cristianos recurrimos a la Biblia para buscar una respuesta adecuada a dicha pregunta, pero ni en ella la encontramos específicamente. Desde el principio de la creación vemos que Dios forma al hombre (Adán), lo pone en el huerto del Edén, y ve que no es bueno que Él este solo: «*Luego Dios dijo: "No está bien que el hombre esté solo. Voy a hacerle alguien que lo acompañe y lo ayude"*». Génesis 2:18 TLA. Pero, a pesar de haber hecho una creación perfecta, no encuentra en ella una ayuda idónea para Adán, o sea, una persona con sus mismas características y sentimientos. Los animales no eran los llamados a llenar el vacío, ni podían cumplir los mandatos que Dios había establecido al decir que se multiplicaran y llenaran la tierra, ya que estaban llamados, más bien a ser dominados: *«... y les dio esta bendición: Quiero que se reproduzcan, quiero que se multipliquen, quiero que llenen la tierra y la pongan bajo su dominio. Que dominen a los peces del mar y a las aves del cielo, y a todos los seres vivos que se arrastran por el suelo.»* Génesis 1:28 TLA.

Se puede apreciar cómo nace en el corazón de Dios, desde el principio de la creación, la formación matrimonial: al no encontrar ayuda idónea para Adán, Dios hace caer un sueño profundo sobre él y de una de sus costillas forma a la mujer (Eva), y cuando Dios la trae ante Adán, éste dice. *«¡Esta vez tengo a alguien que es carne de mi carne y hueso de mis huesos! La llamaré hembra, porque Dios la sacó del hombre. Esto explica por qué el hombre deja a su padre y a su madre, y se une a su mujer para formar un solo cuerpo.»* Génesis 2:23-24 TLA.

Por medio de la Palabra advertimos que de antemano está establecido que un día nosotros, por naturaleza, sintamos la necesidad de unirnos a alguien con quien compartir nuestros sentimientos y nuestro amor, teniendo que dejar a nuestros padres, aunque no lo queramos, para poder formar nuestros propios hogares... Pero, aclara esto a qué edad es correcto casarse. Para ser directo, la Biblia no lo declara, solamente revela que la costumbre en el pueblo de Dios era de que la hija mayor tenía que casarse primero, aunque no todo el tiempo fue así, *«Labán respondió: No es nuestra costumbre que la hija menor se case antes que la mayor. Pero si te comprometes a trabajar para mí otros siete*

años, después de una semana con Lía, te casarás con Raquel.»
Génesis 29:26-27 TLA.

Sin duda alguna, uno de los sueños que toda mujer tiene es el de casarse, tener una hermosa boda y compartir su vida con el hombre soñado. Pero si te comprometiste muy joven, no estarás seguro si hiciste lo correcto o cometiste un error. Tomando en cuenta los testimonios de matrimonios que están a la base de este libro, compartiré algunas razones por las cuales muchos estudios consideran que casarse a una edad muy joven puede ser causa de divorcio.

Independencia

Es impresionante ver como muchos jóvenes están sumamente apurados por casarse, y en lo menos que piensan es que una vez den el paso de unir su vida a otra persona, ésta empezará a depender de él en su totalidad. Muchos no piensan con la cabeza para dar un paso como este y creen que ambos podrán sobrevivir solamente del amor. Si bien no hay una edad para casarse, tengo la seguridad que debe de haber una responsabilidad expresa en aquellos que quieran hacerlo... Un dicho muy común dice, *el casado casa quiere*; pero, muchos jóvenes sienten el anhelo de casarse y obnubilados por su deseo no piensan que necesitaran una casa o apartamento donde vivir con su pareja. Muchos hacen lo más simple: llevar a vivir a la muchacha con sus padres. No puede ser así, es importante que cada matrimonio se independice de las familias de origen o, en casos particulares, de algunas amistades. Esto es muy importante ya que una pareja necesita gozar de intimidad, especialmente al principio del matrimonio, que es en esta etapa cuando se efectúa la adaptación a un nuevo estilo de vida. Es una orientación que de principio te recomienda la palabra de Dios: *«Esto explica por qué el hombre deja a su padre y a*

su madre, y se une a su mujer para formar un solo cuerpo.»
Génesis 2:23-24 TLA.

El casarse muy joven, en la mayoría de casos impide a los matrimonios tener una aceptable solvencia económica como para poder tomar su propia casa; lamentablemente, aunque lo queramos no podemos obtener una casa o apartamento al momento de casarnos y nos vemos en la necesidad de acudir a la ayuda de un familiar o alguna amistad. De mi testimonio personal puedo contar que cuando nos casamos no podía ofrecerle a mi esposa la posibilidad de llevarla a vivir conmigo a nuestra propia casa o apartamento, y recurrí a buscar la ayuda de una familia de nuestra iglesia para que me rentaran un cuarto. Con esto quiero decirte que, dado nuestro testimonio, el no tener una casa o apartamento para mudarnos una vez nos casamos no fue impedimento para ser felices en nuestro matrimonio, pero como consejo les recomiendo que lo mejor es tener su propio lugar a donde mudarse una vez constituido el matrimonio. Es sumamente importante. Está comprobado que el vivir con otras personas no te permite tomar tus propias decisiones o el control de dónde vives, nos sentimos a veces como niños bajo el cuidado de los dueños de casa, por eso es muy importante nuestra independencia y sobre todo nuestra intimidad como pareja.

Conocerse

Por lo regular, cuando una pareja decide casarse a una edad muy joven la mayoría de consejos que escucha son, están muy jóvenes, ni siquiera se conocen mucho, conózcanse más... Esto no es un mal consejo, de hecho, yo mismo cuando una pareja joven busca consejería y me preguntan si puedo casarlos, a mi vez les doy aquellas recomendaciones, aunque en una forma diferente: no tienen por qué apresurarse a casarse, recuerden que una decisión como esta es muy importante, no quieran casarse solo porque crean que ya tienen que hacerlo. Y es que, pensar que una pareja tiene que casarse porque ya se conocen es algo ilógico. Por mi experiencia puedo decirles que los cónyuges podrán llevar ya muchos años de matrimonio y no pueden decir con certeza que conocen a su pareja; yo creo que una persona, no importando que edad tenga, cuando decide casarse tienen que tener un alto grado de conocimiento de la persona con quien se van a casar.

Recuerdo una pareja de cristianos que vivían juntos desde hace varios años, no estaban casados y como pastor me correspondía velar por su vida espiritual. Les pregunté por qué no se casaban, ya que viviendo como lo hacían estaban en pecado, pues la Biblia es clara y dice que ningún fornicario entrará al reino de Dios... La respuesta que me dieron me causó risa, pues no era la que esperaba, «pastor, no nos casamos todavía porque queremos conocernos bien antes de dar ese paso». ¿Conocerse? Pero si ya tienen 4 hijos... Posteriormente nos dimos cuenta que eran otros los factores, los superaron y pudieron casarse. Es sumamente importante como parejas conocerse en todo aquello que sea necesario para poder dar un paso juntos al altar, no olvide que esta decisión es hasta que la muerte los separe.

Vida Profesional

Otra de las razones por la cuales se considera contraproducente casarse a una edad muy joven es por la falta de oportunidades que posiblemente tenga para desempeñar una vida profesional. Esta razón me parece relativa, un tanto lejos de la realidad. Estar casado en ningún momento impide que usted pueda tener una vida profesional, pero sí debe entender que le resultará más difícil, ya que como joven sin compromisos uno va y viene para donde quiera, mas no así cuando ya está casado. No porque la esposa le impida salir, si no por las responsabilidades que como casados adquirimos. La Biblia misma nos advierte lo siguiente, *«Yo quisiera librarlos a ustedes de preocupaciones. El que está soltero se preocupa por las cosas del Señor, y por agradarle; pero el que está casado se preocupa por las cosas del mundo y por agradar a su esposa.»* 1 Corintios 7:32-33 DHH. Cuando uno de los cónyuges determina salir adelante en su vida profesional lo más lógico es de que reciba todo el apoyo de su pareja para que sus sueños se hagan una realidad. Además de la superación profesional de un miembro del matrimonio, dicha superación se reflejará en su estabilidad económica.

Cuando nos casamos con mi esposa éramos muy jóvenes, bueno, ella más que yo, solo tenía 18 años, y se encontraba estudiando todavía. Todos los pronósticos fueron que dejaría los estudios y, por ende, sería un fracaso académico para ella; además, no nos daban más de tres meses para que nos separáramos. Recuerdo que una de las primeras cosas que le pedí fue que siguiera estudiando, yo quería que se graduara; por las mañanas iba a dejarla a la escuela y posteriormente me dirigía a mi trabajo, al salir de estudiar ella tomaba el autobús que la llevaba a nuestro hogar. No fue fácil, pero finalmente un día orgullosamente le vi caminar con su toga a recibir su certificado de graduación. Me sentí muy orgulloso y también muy feliz porque se miraba muy linda, con su *pancita* un poco abultada ya que estaba embarazada de nuestro primer hijo. Ya teníamos dos hijos con mi esposa cuando ella decidió continuar sus estudios; nuevamente la apoyé para que sacara su carrera y de nuevo no fue fácil para ninguno de los dos, porque no es fácil trabajar, estudiar y criar dos hijos, pero cuando existe el apoyo mutuo de la pareja y sobre todo la ayuda de Dios, todo es posible.

Se puede enumerar gran cantidad de razones por las cuales se recomienda a una pareja no casarse tan jóvenes, pero considero que hay excepciones y por eso estas recomendaciones no pretenden decirte que no lo puedes hacer, son para que las consideres puesto que sí hay un riesgo de que sean causa para un divorcio.

Vida social frustrada

Una de las cosas más frecuentes que un joven piensa antes de casarse es que su vida social cambiará radicalmente o la perderá por completo. Considero que si a un joven, hombre o mujer, le gusta mucho socializar debe pensar muy bien y estar seguro que quiere casarse. Ya opiné que cuando uno se casa adquiere ciertas responsabilidades que de una forma u otra alteran el curso de nuestras vidas. Por ejemplo, si te gusta viajar y una de tus prioridades es conocer el mundo, piénsalo dos veces antes de decidir casarte. Con esto no quiero decir que si estás casado no tendrás la oportunidad de viajar, ¡claro que podrás hacerlo! Pero tus oportunidades serán relativamente menos debido a los diferentes compromisos propios del matrimonio.

Cuando nos casamos con mi esposa se me hizo muy difícil tener una vida social activa por los horarios de mi trabajo, ya no digamos en pensar siquiera en viajar. Pero eso es secundario, e incluso ridículo considerar que esas limitaciones pueden ser un motivo real para pensar en el divorcio. La Biblia nos dice que en la vida todo tiene su tiempo, *«En esta vida todo tiene su momento; hay un tiempo para todo: Hoy nacemos, mañana morimos; hoy plantamos, mañana cosechamos.»* Eclesiastés 3:1-2 TLA.

Considero que bien vale la pena el sacrificio de no poder viajar o no tener una vida social activa para poder estar con la persona que decidimos tener al lado para el resto de nuestra vida. En el caso nuestro, al principio de nuestro matrimonio fue imposible pensar en viajar por muchas razones, sin embargo, hoy en día Dios nos ha dado la oportunidad como esposos y con nuestros hijos, de visitar diferentes países de Europa, Asia, el Medio Oriente y, por supuesto, Centroamérica.

En conclusión, el matrimonio a la edad que sea siempre es motivo de opiniones tanto positivas como negativas: son muy jóvenes, son muy viejos, cómo será su fiesta, dónde la celebrarán, dónde pasarán su luna de miel, etcétera. En fin, creo que los únicos que están aptos para casarse son aquellos que anhelan amanecer todos los días de su vida junto a la persona que aman... ¡Ya la vida traerá sus propios afanes!

Capítulo 3

FALTA DE COMUNICACIÓN

Es lamentable ver cómo actualmente los matrimonios pueden enfrentar diferentes crisis emocionales por un descuido en la comunicación. La falta de comunicación en un matrimonio es como caminar sobre un campo minado: en el momento menos pensado se puede llegar a activar y causar una serie de estragos difíciles de poder superar y que pueden acabar con la vida de un matrimonio.

La comunicación es sumamente importante en la vida del ser humano aun antes de nacer, de hecho, estudios han comprobado que hablarle a los niños cuando están en el vientre de la madre mejora grandemente el desarrollo del cerebro del bebé, además son los primeros contactos directos que tenemos con nuestros hijos.

La comunicación es un proceso que consiste en la transmisión e intercambio de mensajes entre un emisor y un receptor; para el caso, entre la esposa y el esposo. Ciertamente, hay personas sumamente calladas, no les gusta hablar con nadie, esto en realidad no es muy relevante cuando se trata solamente de evitar una conversación, pero sí es sumamente crítico cuando el silencio se establece en un matrimonio a causa de una ruptura de comunicación conyugal. Esta ruptura se hace patente cuando deliberadamente el diálogo deja de existir.

Tenemos que entender que los desacuerdos entre los cónyuges por lo general van a existir, esto por lo regular es normal en un matrimonio, y no lo afectará cuando la falta de comunicación es transitoria y breve.

Siempre digo a mis pacientes que no hablar, no platicar con alguien nos puede llevar a la locura misma. La comunicación es sumamente importante en el ser humano. Recuerdo que años atrás vi una película -no recuerdo su nombre-; se desarrolla durante un naufragio en el que un hombre queda solo en una isla y entre las cosas que se salvaron del naufragio hay una pelota. Era tanta la soledad que el náufrago sentía que le dibujó ojos, boca, le puso, creo, pelo a la pelota y todos los días platicaba con ella, tanto así que llego a existir un gran vínculo entre Él y la pelota.

Partiendo de esa imagen, viene a mí una inquietud, ¿cómo es posible que una pareja que de antemano se juró amor eterno y prometió ante un ministro que estarían juntos hasta que la muerte los separe, no puedan tener una buena comunicación entre ellos? Tenemos que entender que el saber comunicarse es una de las habilidades más básicas que se necesitan para establecer y mantener cualquiera relación humana. De hecho, guerras han sido evitadas con unas simple reuniones donde ha existido la habilidad de seres dotados de el don de la comunicación y con un dialogo logran detener guerras que podrían haber acabado con la vida de miles de seres humanos.

Cuando nos casamos formamos nuestro propio mundo y tenemos que entender que todo lo bueno o malo que pase en su entorno dependerá del cuidado que nosotros tengamos de él.   Por eso es muy importante que en el matrimonio los cónyuges perfeccionen cada día su comunicación. Con esto evitarán una serie de dificultades, ya que está comprobado que un matrimonio sin comunicación está más propenso a terminar en un divorcio que aquellos que si la tienen.

Enfatizo entonces que uno de los pilares fundamentales para que una relación perdure es la comunicación. Esta tiene que ser adecuadamente honesta para solucionar los problemas que como pareja podríamos estar enfrentado. Vamos a ver las causas y efectos que causa la falta de comunicación en un matrimonio, pero sobre todo veremos cómo sobreponernos a ellas y salir adelante en nuestra vida matrimonial.

Dialogo de noviazgo

Quisiera comenzar este tema compartiendo mi experiencia personal que creo es similar a la de muchos. Nos sucede que cuando somos novios de nuestra actual esposa pasamos hablando horas con ella y por más que habláramos el tiempo se nos hacía relativamente corto. De hecho, cuando yo iba a visitarla recuerdo que en algunas ocasiones sus padres me pedían que me retirara porque ya era noche y ella tenía que estudiar el siguiente día... ¿Recuerdan momentos así?   Es muy probable que sí, aunque quizás no recordemos de que hablábamos tanto, ya sea personalmente o por teléfono, durante horas... Pues bien, ¿porque no lo hacemos hoy? ¿Por qué motivos dejamos de comunicarnos entre nosotros ya casados?

Retomemos la comunicación del noviazgo. Cuando un matrimonio tiene una buena práctica de comunicación los cónyuges son capaces de expresar sus sentimientos y emociones; sobre todo, sus opiniones, de una manera franca y abierta con la otra persona. Esa comunicación ayuda a que la relación matrimonial funcione adecuadamente.

No se puede negar que durante el matrimonio se experimentan diferentes clases de problemas, algunos de ellos más incómodos que otros, pero a ninguno debemos ignorarlo. Ignorarlos no significa que los mismos dejaran de existir, al contrario, tomar una decisión semejante es contraproducente; lo recomendable es conversar los problemas como cónyuges y buscarles la mejor solución posible.

Otro aspecto que debemos entender es que la falta de comunicación entre la pareja lo único que logra es impedir que encontremos soluciones a tiempo, el problema no dejará de existir y tarde o temprano tendremos que enfrentarlo…, lamentablemente en frecuentes casos ya es demasiado tarde, y sus consecuencias son catastróficas para el matrimonio expuesto a la amenaza del divorcio.

Volviendo a nuestros primeros días de noviazgo, recordemos esos días en los cuales escuchar la voz de nuestra pareja era lo más hermoso que nos podía pasar, recordemos y retomemos aquella actitud. No permita que un simple problema de comunicación le impida encontrar la felicidad que un día soñó compartir con su pareja por el resto de sus vidas; tome tiempo para platicar con su pareja. Estoy más que seguro que con la comunicación y ayuda de Dios todos sus problemas tendrán una solución, recuerde lo que dice la palabra de Dios, *«Si dos personas andan juntas, es porque están de acuerdo.»* Amós 3:3 TLA.

No saber escuchar

Otro de los problemas más comunes en los matrimonios, relacionado con la comunicación, es no saber escuchar. En muchas ocasiones nos importa más ganar una discusión que salvar nuestro matrimonio. Debemos ser humildes y entender que no somos perfectos ni sabios y que podemos cometer más de un error en nuestra vida. Errar, en realidad, no es el problema; el problema es no querer reconocerlo. Es ilustrativo darse cuenta como muchas personas escuchan sólo para responder defensivamente o incluso atacar; pero no lo hacen para reconocer su error o buscarle una solución al problema, evadiendo que entre más se prolongue el problema, mayores serán sus consecuencias dentro del matrimonio.

Ningún problema es agradable cuando este llega a nuestras vidas, como matrimonio debemos saberlo. Lo grave surge cuando en vez de enfrentar el problema como pareja para encontrarle una solución al mismo, lo tomamos como un punto de discusión. Es muy probable que el percance surja por responsabilidad de alguno de los cónyuges, pero lo menos que debemos hacer es comenzar a echarnos la culpa uno al otro, ya que eso lo único que conseguirá será llevarnos a una discusión cada vez más acalorada, en la que lo menos que hacemos es escuchar.

A lo largo de nuestro matrimonio enfrentamos diferentes dificultades, unas surgen por los cónyuges mismos y otras por terceras personas. No importa, al fin, quien propició las dificultades, no debemos dejarlas pasar y que se acumulen, como matrimonio hay que buscarles una solución, y parte de la solución es aprender a escuchar. Quiero darte un consejo: cuando alguno de los cónyuges esté hablando no lo ignores, tampoco te limites a oírlo únicamente; deja cualquier cosa que estés haciendo, míralo directamente a los ojos, y que sepa que lo estás escuchando, *«Al malcriado no le gusta que nadie lo corrija, ni se junta con los sabios.»* Proverbios 15:12 TLA.

Manténganse juntos

Otra situación que es un factor muy importante para mantener una relación sana y perdurable en el matrimonio es el mantenerse juntos. Esto pareciera entenderse por lógica, pero realmente es más frecuente de lo que parece que una vez nos casamos en lugar de unirnos más a nuestra pareja surge lo contrario, nos alejamos. Esto es bastante incomprensible, ya que de novios moríamos por estar junto a nuestra pareja y ya casados es lo contrario... Usted no permita que eso suceda, tome en cuenta que es muy importante darse su espacio en una relación, pero no se meta en él de forma frecuente y prolongada, de lo contrario se expone a perder su matrimonio por esa falta de unidad.

Para no dejarse arrastrar por la rutina diaria necesitan crear oportunidades para desarrollar una buena comunicación. Aparten tiempo para platicar, si lo hacíamos cuando éramos novios cuanto más ahora que estamos juntos, recuerden lo emocionante que era cuando hablábamos por teléfono; era un momento romántico, emocionante, y si por alguna razón han perdido la magia de estar juntos esfuércense por hacer que suceda otra vez.

Comiencen nuevamente a salir juntos una vez más, no necesariamente tienen que hacer salidas costosas, pueden salir a cenar a un buen restaurante, pero así mismo pueden ir a comer un lugar sencillo. Lo importante es que se mantengan juntos y así fomentar el amor entre las dos personas y mantener la comunicación que en muchas ocasiones por el trajín de la vida se va perdiendo y sin darnos cuenta los termina separando.

Por último, tengamos presente que buscar un acercamiento en la comunicación tiene el objetivo de construir y no de destruir, que al final de la conversación ambos se puedan sentir satisfechos de ser comprendidos y de haber podido encontrar la solución a las dificultades... Si queremos sentirnos amados hay que amar, si queremos que nos comprendan aprendamos también nosotros a comprender, son verdades sobre las que la Biblia nos aconseja: *«Así pues, hagan ustedes con los demás como quieran que los demás hagan con ustedes; porque en eso se resumen la ley y los profetas.»* Mateo 7:12 DHH.

Un hábito diario

Considero que una de las claves a nivel general para que un matrimonio se mantenga unido y pueda sobreponerse a los desafíos de un divorcio es la honestidad. Tenemos que reconocer que una vez nos casamos la magia del noviazgo prácticamente desaparece, nos olvidamos de los momentos mágicos que nos llevaron a enamorarnos de la persona que tenemos a nuestro lado, todo lo que planificamos en nuestra boda y sobre todo la luna de miel se queda en el olvido, a causa de no tener un hábito de comunicación ni alimentar aquellos recuerdos día a día.

Es imperante comprender que la falta de comunicación entre los cónyuges es la mayor causante de los problemas en un matrimonio. Es esta la razón de la importancia de formarse un hábito de comunicación diario entre la pareja; podría parecer cansado tener que estar platicando día a día con nuestras pareja debido a que, como dije al principio, no somos honestos o nos cuesta ser transparentes con nuestro cónyuge sobre nuestros pensamientos y sentimientos más íntimos, pero, al margen de esos pensamientos, no debemos perder de vista que la intención de mantener un diálogo entre el matrimonio es básicamente para mejorar la comunicación, hablar y saber escuchar. Un día hicimos el juramento de estar con la persona elegida hasta que la muerte nos separe, y en el desarrollo y crecimiento de nuestro matrimonio debemos crear hábitos que con la ayuda de Dios nos lleven juntos al final de nuestro viaje con la persona que un día decidimos amar.

¿Se puede tener el hábito de platicar todos los días con nuestra pareja? Definitivamente sí, me dice mi propia experiencia. Durante el 99% de los 33 años que llevamos casado con mi esposa, siempre hemos tomado un tiempo para platicar; la comunicación para nosotros ha sido sumamente importante para sobreponernos a los diferentes inconvenientes que hemos tenido en nuestro matrimonio.

Todos los días, no importando si estoy en casa o no, hemos cultivado con mi esposa el hábito de mantener una comunicación constante. Intentaré expresarles el desarrollo de la misma. Prácticamente comienza desde que nos levantamos. **Nos saludamos** con un buenos días (muchas parejas consideran que no es importante algo como esto, pero créanme que si no lo hacemos sin darnos cuenta estamos al principio de un distanciamiento con nuestro cónyuge). Llegar a su trabajo a ella le toma como una hora, 5 minutos después de su hora de entrada **la llamo a su trabajo** o ella me llama a mí para saber que gracias a Dios ha llegado con bien; si en algún caso no podemos llamar nos mandamos un mensajito de texto con un *te amo* y un corazoncito o un ramo de rosas. Puede parecer cursi como algunos creen, pero no saben lo bonito que se siente saber que el ser amado está pendiente de uno y que se comunica sin afán de controlarnos sino para cuidar uno del otro... Por la tarde ya tengo una idea de su hora para llegar a casa y estoy pendiente, algunas veces para abrirle la puerta, otras para ayudarle a cargar algo que traiga, y si pasan algunos minutos y no ha llegado le llamo para saber si todo está bien. Esto lo hacemos este yo o no en casa, no importa si estoy en

Estados Unidos o fuera del país, si la llamada es local o internacional; no estime gastos para cuidar de su matrimonio y un día mirará feliz que todo el esfuerzo que hizo valió la pena.

Todos los días después de la cena, aproximadamente a las 9 de la noche, viene nuestro **cafecito con pan.** Este momento es sumamente importante para nosotros ya que lo consideramos como uno de los pilares fundamentales de la comunicación; mientras tomamos cafecito miramos una película, ponemos algún documental y siempre nos preguntamos por qué lo ponemos, ya que en realidad no lo miramos y sólo nos sirve como un trasfondo para nuestra conversación. Quizás se pregunten de qué hablamos... Bueno, le pregunto a mi esposa **como le fue en su trabajo** (la verdad, por lo general yo no entiendo nada de su trabajo que es muy diferente al mío, pero me gusta sentir como ella se desahoga contándome muchos detalles que para mí carecen de importancia, pero para ella son importantes), mi oficina de trabajo está en casa pero de igual forma me pregunta cómo me fue en el día; yo soy un poco más reservado ya que como consejero matrimonial me reservo detalles de algunas consultas, cosa que mi esposa ha sabido comprender. Tratamos aspectos de **nuestros hijos**, aspectos **cotidianos**, en algunas ocasiones debatimos algunos puntos **políticos** o **económicos**; en fin, son tantas cosas de las que podemos hablar que por lo general el tiempo se nos hace corto para tratar todos los temas.

Cuando necesitamos tratar algún tema de suma importancia lo hacemos de tres formas, esto mis hijos lo saben y no somos interrumpidos por ellos. Si les sirve de orientación les describo brevemente nuestros tres métodos.

Primero, cuando vamos a tratar algo particularmente delicado preparamos un cafecito o un té, y cuando uno de nosotros está hablando el otro toma su café o té para evitar hablar, de esa manera aprendemos a escuchar a nuestra pareja. Segundo, también preparamos algo de tomar y nos ponemos a jugar billar, esto nos permite mantenernos relajados y así favorecemos la posibilidad de encontrarle solución al tema que estamos abordando. Y, tercero, si el tema es demasiado delicado tomamos el cafecito o té en mi oficina, la cual, aunque esta en casa cuanta con un mayor aislamiento.

Es posible que para algunos de mis lectores estas acciones les parezcan excesivas, pero creo que todo lo que nos lleva a tener una relación estable en nuestro matrimonio vale la pena. No minimice el valor de un hábito de comunicación y recuerde que en esos momentos que usted escogió para platicar con su cónyuge es el momento de tratar cualquier tema que pudiera afectar su relación matrimonial.

Salgan de la rutina diaria y comiencen a establecer lazos de comunicación entre ambos, que cuando uno de ustedes esté por llegar a casa sienta la alegría con la que lo esperan, apaguen el televisor una noche para platicar y comentar los sucesos de ese día. Necesitan sacar tiempo para estar juntos, salgan a caminar. Cuando no le damos la prioridad a la comunicación otras cosas comienzan a tomar su lugar y así poco a poco nos vamos distanciando uno del otro.

Si sientes que estás perdiendo o has perdido en amor hacia tu pareja por esa falta de comunicación, no permitas que eso termine con tu matrimonio. Salgan como en los días que lo hicieron de novios, llámense por teléfono deseando escuchar la voz del otro, recuerden, de nuevo recuerden todo el esfuerzo y sacrificio que hicieron para estar juntos, y convénzanse de que vale la pena sacrificarse por ese amor.

«Mi amado me dijo: "Levántate, amor mío; anda, cariño, vamos. Paloma mía, que te escondes en las rocas, en altos y escabrosos escondites, déjame ver tu rostro, déjame escuchar tu voz. ¡Es tan agradable el verte! ¡Es tan dulce el escucharte!"» Cantares 2:10,14.DHH.

Capítulo 4

PROBLEMAS ECONÓMICOS

Durante muchos años dentro de la consejería matrimonial que le brindamos a muchas parejas hemos observado que el tema del dinero es un tema muy problemático en los matrimonios. Estudios y estadísticas indican que después de la infidelidad, las discusiones por dinero en el matrimonio son la segunda causa de divorcio; por lo menos el 50% de los divorcios registrados en las cortes de la ciudad de Los Ángeles así lo reflejan.

Hemos visto por años que el amor supera infinidad de obstáculos en el matrimonio, cuando estamos enamorados no nos importa aguantar hambre, con uno que coma basta, no nos preocupamos como dije en un capitulo anterior ni siquiera por tener donde vivir, nos arrimamos con los padres y ya, a cuántas enamoradas no hemos escuchado decir en varias ocasiones, «no me importa si tengo que vivir contigo debajo de un árbol, mientras estemos juntos eso no importa». Sin duda que el amor hace cosas maravillosas, esta magia se mantiene hasta que comenzamos a enfrentar los primeros problemas económicos.

No cabe duda que en algún momento los problemas económicos y la forma en que se presentan son inevitables en el matrimonio. Con todo lo cierto que esto es, de mi parte estoy convencido que muchos matrimonios enfrentan problemas económicos no por carencia de dinero, sino por no saber ser buenos administradores de las finanzas en el matrimonio, por el despilfarro o la adquisición de productos que no son necesarios, «*¿Por qué dar dinero a cambio de lo que no es pan? ¿Por qué dar su salario por algo que no deja satisfecho? Óiganme bien y comerán buenos alimentos, comerán cosas deliciosas.*» Isaías 55:2 DHH.

Cuando somos malos administradores de nuestras finanzas, sólo es cuestión de tiempo para que un matrimonio comience a experimentar quebrantos en la relación por no saber cómo administrar el dinero. Dios ha puesto al hombre como cabeza de hogar, y este mandato lo hace totalmente responsable de velar por su pareja una vez están casados. Al hombre le corresponde, en primera instancia, suplir lo que nuestro hogar necesita.

Hay hombres que no han entendido que sus esposas están con ellos porque en verdad los aman y que por ese amor están dispuestas a sufrir ciertas inclemencias. Estos hombres, regularmente no son capaces siquiera de cubrir las necesidades básicas de su esposa, y esto choca con la aspiración legítima de las mujeres que no quieren pasar el resto de su vida al lado de un hombre que solo le ofrece lo mínimo a su familia, «*Quien no cuida de sus parientes, y especialmente de su familia, no se porta como un cristiano; es más, tal persona es peor que quien nunca ha creído en Dios.*» 1 Timoteo 5:8 TLA.

Debemos tener muy claro que un matrimonio no se basa sólo en el amor. Hay diferentes áreas que cubrir y entre ellas, una de las más importantes es el área financiera. Si alguien te dijo que el amor lo supera todo, la verdad es que ese amor solamente lo profesa Dios, ya que nosotros, como seres humanos lamentablemente seguimos dependiendo de los recursos humanos.

Si tu matrimonio está atravesando una situación conflictiva por problemas financieros, la Biblia dice que mientras tengamos vida hay una esperanza (Eclesiastés 9:4). Así que no te des por vencido, sólo es cuestión de hacer un análisis, ser honestos con nosotros mismos y preguntarnos si fuimos los culpables directos para que esto pasara. Los siguientes consejos están enfocados en evitar una crisis económica en el hogar y evitar que tu matrimonio forme parte de las estadísticas negativas del divorcio.

Somos uno, no dos

Recuerdo una noche mientras me preparaba para entrar a una de mis clases en el Instituto Bíblico: se me acercó uno de los jóvenes de nuestra iglesia y me comento que estaba pensando en casarse con su novia, con la cual llevaban ya algún tiempo de noviazgo. Uno de mis profesores que estaba cerca escuchó lo que me dijo, y, muy tranquilamente se le acercó, le puso la mano en el hombro y le dijo, «te imaginas, ya dentro de poco tendrás que mantener a una mujer que apenas conoces y que ni de tu familia es». Sus palabras nos desconcertaron por un momento, pero, aunque el maestro lo dijo como una broma, no deja de ser una realidad. La Biblia dice: *«De esta manera, los que se casan ya no viven como dos personas separadas, sino como si fueran una sola. Por tanto, si Dios ha unido a un hombre y a una mujer, nadie debe separarlos.»* Mateo 19:6 TLA.

Una vez casados, marido y mujer ya no son dos personas, sino que se constituyen en una sola. Con el matrimonio no solamente estás uniendo tu vida con la de tu pareja, si no que formas también tu propio núcleo familiar, son una sola familia, y ya no seguiremos usando *mío* sino *nuestro*, pues este hogar se comienza a formar con dos personas con distintos caracteres, diferentes costumbres y creencias que, si no sabemos sobrellevarlas, es muy probable que surjan dificultades en nuestro matrimonio.

Las finanzas

Cuánta razón tenía el apóstol Pablo cuando escribió: *«Porque todos los males comienzan cuando sólo se piensa en el dinero. Por el deseo de amontonarlo, muchos se olvidaron de obedecer a Dios y acabaron por tener muchos problemas y sufrimientos.»* 1 Timoteo 6:10 TLA.

Si bien Pablo escribió esas palabras con un enfoque en el área ministerial, es también aplicable a los problemas que enfrenta un matrimonio en el área financiera. No podemos negar que cuando de dinero se trata desaparece todo razonamiento humano. Muchos matrimonios pueden discutir por diferentes problemas, pero uno de los principales y más difíciles de superar son los problemas económicos, que, como dije antes, después de la infidelidad es la segunda causa de divorcio de los matrimonios.

Dentro de la consejería matrimonial uno de los primeros indicios que me permiten ver que una pareja tendrá inestabilidad en su hogar es cuando me manifiestan que quieren tener sus bienes separados, lo mío es mío y lo de ella es de ella. Y es que, si los cónyuges quieren manejan sus finanzas separadas, deben saber que solo están abriendo la puerta de su matrimonio a una serie de problemas por causa del dinero. Aunque en muchas ocasiones por cuestiones culturales nos enseñan a tener las finanzas separadas en el matrimonio, en mi experiencia he visto que unir las finanzas con mi esposa nos ha evitado muchos problemas, incluso pienso que lo mejor es tener una cuenta bancaria juntos.

Sinceramente me molesta cuando veo un matrimonio con sus finanzas separadas. Comprendo que cada quien es libre de estructurar las bases de su matrimonio, pero cuando veo esa clase de fundamento estoy seguro que pronto vendrá una catástrofe. Se olvidan del plan original de Dios, «ya no son dos, ahora son uno»... Muchas parejas no parecen parejas, mucho menos un matrimonio; apenas parecen compañeros de habitación. «Pastor», me dicen, «mire, a mí me toca pagar la renta y a ella los recibos de la casa, los gastos del supermercado nos lo dividimos, cuando salimos a comer pues cada quien paga lo suyo»... , esa actitud a mí me enferma, me muestra la inmadurez de tales personas. Cuando un matrimonio decide mantener sus finanzas separadas, el mensaje que le está enviando a su cónyuge es de que no confía en él o ella. Para mí, uno de los principales fundamentos de un matrimonio es la confianza; cuando esta no existe, el futuro es incierto, los problemas, los pleitos y el fracaso matrimonial están casi garantizados, porque ambos caminan financieramente por distintos caminos, en contra, lo recuerdo una vez más, de la palabra de Dios, «como pueden andar dos juntos si no están de acuerdo».

Por lo regular, en el mayor número de casos de matrimonios con finanzas separadas es el hombre quien toma la determinación de hacerlo así, máxime cuando es él quien genera más ingresos económicos. A muchos hombres (y no pocas mujeres) esta situación los convierte en individuos posesivos y a la vez inseguros, demuestran que lo más importante para ellos es el dinero y que poco les interesa su relación matrimonial.

Estos matrimonios también están destinados al divorcio.

Normalmente cuando he tenido parejas en consejería las he atendido en mi oficina; hoy, con las redes sociales mi oficina es internacional, ya que una gran cantidad de matrimonios a los cuales tengo el privilegio de atender, lo hago por Facebook. Más en los tiempos que corren con la pandemia del Covid-19 (a once meses de aislamiento social cuando escribo estas líneas) que ha propiciado que el medio digital se vuelva más importante. Pues bien, tengo más de 30 años brindando consejería matrimonial y creía que ya lo había escuchado todo. Quiero compartir parte de la historia de un matrimonio, pero, antes dejo asentado que por ética no acostumbro revelar los problemas de mis pacientes, la consejería es confidencial y ni mi esposa conoce los casos, a menos que ella esté atendiendo a la misma pareja. Así que, para compartir esta historia cuento que el permiso de sus protagonistas y, por supuesto, omito sus nombres.

La cita estaba programada a las 10 de la mañana, ya en mi oficina y con mi cafecito correspondiente esperaba que se conectaran para comenzar la consejería. Unos minutos después de las diez se conectaron. Cuando comenzamos la consejería la hermana me comento que su esposo no asistiría ya que la noche anterior habían tenido un problema y estaba enojado, le pregunté cuál había sido la razón del enojo para ver si de alguna manera podíamos encontrar una solución. De verdad me quedé mudo cuando escuché su respuesta: «es que todo su enojo fue sólo porque le cobré un poquito más, pero nada más fue un poquito».
Medio azorado le pregunté qué le había cobrado, y su respuesta Fue: «se recuerda que le dije que para todo lo que yo necesito le tengo que pedir dinero a él... Bueno, pues mire, yo le cobraba 50 dólares por tener

relaciones sexuales con él...», en este punto la interrumpí para hacerle ver que él era su esposo, pero ella continuó, «...sí, pero le cobro porque no me quiere dar dinero ni para comprarme mis cosas personales, y se enojó porque le dije que le cobraría 60 dólares».

No voy a dar más detalles de esta historia, lo contado es más que suficiente para extraer conclusiones. La mía es que se trata de una situación verdaderamente degradante, es incomprensible que una esposa tenga que humillarse así delante de un hombre, si es que a esos individuos se les puede llamar hombres. La palabra del Señor nos exhorta en el sentido correcto: *«Los esposos deben amar a sus esposas, así como Cristo amó a la iglesia y dio su vida por ella.»* Efesios 5:25 TLA.

Para evitar esta clase de problemas su prioridad tiene que ser toda la vida su matrimonio; el dinero sí es importante pero no lo es todo. Evitemos decir «mi dinero» o «tu dinero», es mucho mejor decir «nuestro dinero». Cuando entendemos que es mucho mejor administrar las finanzas juntos que por separado nos evitamos gran cantidad de dificultades y, a la vez, comprendemos que, si cada quien busca sus propias prioridades será muy difícil lograr las metas que como matrimonio nos hallamos propuesto.

Los conflictos financieros son además causa de problemas en diferentes esferas del matrimonio, y es lamentable ver como, por una mala administración financiera, poco a poco los problemas se van extendiendo fuera del ámbito económico, y llegan a un punto que ni la magia del amor tiene el poder para superarlos. Por eso es necesario que el matrimonio comprenda que cada uno de sus problemas tiene solución, incluyendo el del dinero, siempre y cuando trabajemos para resolver cada uno de ellos.

Pese a lo complejo de este problema de mayordomía, fácilmente puede ser resuelto por los cónyuges si dejan de buscar culpables. Enfóquense en las causas que llevaron el matrimonio a esa situación, y den los pasos necesarios para eliminarlas... A manera de guía, expongo algunas situaciones relacionadas con el uso del dinero que pueden estar creando y reforzando los conflictos en el matrimonio.

Aparentar lo que no somos

Aparentar lo que no somos es engañarnos a nosotros mismos. Las personas que viven aparentando lo que en realidad no son, no tienen una autoestima sólida, siempre están dependiendo emocionalmente de las valoraciones de los demás. Buscar la aprobación de la sociedad es como ponernos una máscara tras la cual escondemos nuestra verdadera forma de vivir, fingiendo una felicidad que en realidad no existe; psicológicamente esto es dañino para el individuo y doblemente preocupante para el matrimonio.

Cuántas esposas, meses después de casarse se enteran que el esposo rico con el cual ellas se casaron en realidad no existe... Y es que, muchos cuando se casan tiran la casa por la ventana haciendo fiestas costosas para impresionar, dan lo mejor de lo mejor, agarran casas o apartamentos sumamente caros en lugares que bien saben no están al alcance de sus recursos; sin embargo, no hay cosa más hermosa que una pareja unida por el amor recíproco y no por lo que el otro posee, una pareja dispuesta a comenzar de cero su matrimonio, en la confianza que Dios los bendecirá como promete su palabra.

Por motivos ajenos a nuestra voluntad, cuando nos casamos con mi esposa no pudimos hacerlo de la forma ni en el tiempo que nosotros deseábamos. Cuando le propuse matrimonio a mi esposa le fui muy honesto, con un gran nudo en la garganta y mis ojos llorosos le dije esa noche, «sólo tengo 75 dólares en mi bolsa, si nos casamos nos vamos a vivir con unos hermanos que nos rentarán un cuarto, pero, si tú quieres casarte conmigo te prometo trabajar arduamente y con la ayuda de Dios poder un día construir el hogar que hemos soñado». Ella guardó un breve silencio que para mí fue eterno, hasta que escuché sus hermosas palabras, «¡sí quiero!»... Aquella noche, así de sencillo, con la ayuda de nuestro Dios comenzamos a poner los cimientos de nuestro matrimonio. Fuimos criticados, juzgados por no tener nuestra fiesta de boda, pero en aquel momento no teníamos los recursos y no íbamos a aparentar lo que no era. Sin embargo, 10 años después de nuestro casamiento cumplí a mi esposa con el sueño de toda mujer, una fiesta de bodas con su vestido blanco. Dos de nuestros fueron nuestros acompañantes y fue maravilloso.

Es irónico, pero muchos de los que nos criticaron hoy están divorciados y algunos se han casado varias veces. Mi lección es que, si no te has casado y piensas hacerlo, debes ser objetivo con tus recursos. Si puedes hacer una fiesta a lo grande y darle lo mejor a tu esposa, hazlo; ella se lo merece..., pero, si no puedes, piénsalo muy bien antes de endeudarte ya que si lo haces lo menos que disfrutarás será un hogar feliz. No podemos negar que la presión social existe y que a todos nos agrada ser aceptados. Pero debemos reconocer que no todos estarán de acuerdo de como pensamos. Esto no quiere decir que tengamos menos valor que ellos, significa que somos únicos creados a la imagen de Dios y no debemos andar aparentando lo que en realidad no somos, *«La casa y el dinero son regalo de los padres; la esposa inteligente es un regalo de Dios.»* Proverbios 19:14 TLA.

Las tarjetas de crédito

Las tarjetas de crédito no son ajenas para muchos de nosotros, sabemos lo importante que son en muchos casos. Mi opinión al respecto es que haciendo un buen uso de ellas y no abusando de la facilidad que nos dan para comprar, pueden ser de gran ayuda dentro de un matrimonio... Puede parecer gracioso lo que contaré, y es que una noche un hermano me criticó cuando supo que yo tenía tarjetas de crédito; me dijo que esas tarjetas eran del diablo. Le respondí que no, que eran mías; no sólo porque tenían mi nombre sino porque yo era quien las pagaba. Así mismo he escuchado a pastores dar enseñanzas muy erradas sobre este tema, así como hay quienes piensan lo mismo del personaje de mi anécdota, hay otros que se van al extremo contrario e inculcan en las parejas que cada uno tenga sus propias tarjetas o que cada uno tenga sus finanzas por separado; o sea, que cada uno maneje su propio dinero. Desde mi punto de vista tienen posiciones incorrectas, ya que partiendo de ese punto comenzamos a hacer separaciones y esto no es bueno para ningún matrimonio. En mi matrimonio, le cuento, nunca ha existido separación de finanzas, con mi esposa tenemos una sola cuenta bancaria, compartimos las mismas tarjetas de crédito, mis deudas son sus deudas, nunca hemos hecho alusión a quién gana más o quien gana menos. Todo lo tenemos mancomunado, y gracias a Dios nunca hemos tenido un problema que tenga que ver con el dinero.

Las tarjetas de crédito en realidad no son malas, sólo que tenemos que ser educados y conscientes de su uso. En mi caso gozo de una gran bendición y es que mi esposa no es *gastona*; acaso yo soy más botarate en algunas ocasiones que ella, aunque nunca he quebrantado la confianza que se ha generado entre nosotros sobre las finanzas. En cambio, hay gente que abusa de las tarjetas de crédito (se siente bien bonito entrar a una tienda y comprar lo que queramos y sólo poner la firma en un recibo), el problema se enfrenta a fin de mes cuando en muchas ocasiones no podemos ni siquiera mandar el mínimo del pago y la cuenta comienza a subir. Conozco a un hermano que cuando se casó lo primero que tuvo que enfrentar fue pagar las deudas que traía su esposa, 20.000 dólares en tarjetas de crédito; lo pagó, pero tres meses después la nueva deuda ya ascendía a $10.000. Esto por llevar una vida de fantasías, de mentiras. Queriendo aparentar lo que en realidad no somos, tratamos de tener una vida que muchas veces es muy difícil de sostener, como le sucedió a la pareja en cuestión que, dos años después, se divorció dejando una indefensa víctima: su hijo, porque son los hijos los que al final de cuentas pagan las consecuencias de nuestros errores.

En refuerzo de este tema les sugiero que tomen en cuenta algunos puntos. La deuda no matrimonial no se considera parte de un divorcio. Por ejemplo, si tiene una tarjeta de crédito que se ha utilizado exclusivamente para sus necesidades personales, esa deuda no se dividirá, usted será responsable 100% de pagarla. Por otra parte, si alguna vez se usó la tarjeta de crédito para cosas relacionadas con el matrimonio (como artículos para el hogar, vacaciones, artículos que los niños necesitan, etcétera), la deuda de esa tarjeta se puede considerar a la hora de determinar una distribución equitativa. No permita que un problema financiero termine con su matrimonio, *«El rico se enseñorea de los pobres, Y el que toma prestado es siervo del que presta.»* Proverbios 22:7 RV.

Carro nuevo

Todos sabemos la importancia que tiene el que tengamos un vehículo, en Estados Unidos no se tiene un carro por lujo, se tiene más bien por necesidad, y por eso mismo es que debemos ser muy cuidadosos para dar el paso de adquirir un vehículo. Antes de comprar un carro tengo que ser realistas y saber hasta dónde mis posibilidades económicas me lo permiten sin dañar los ingresos del hogar. Para ello es necesario hacer una evaluación de los gastos mensuales, así tendré una idea de cuánto puedo pagar por el carro. Recuerde que no sólo tiene que pensar en las mensualidades del pago del carro, sino también en su seguro, combustible y mantenimiento; esto en muchos casos crea gastos no previstos, por lo que tener un carro requiere mucha responsabilidad. Alguien dijo en son de broma, «yo prefiero tener tres mujeres y no tres carros, ya que a la mujer si no tengo dinero le digo que no tengo y vemos qué hacemos; a un carro si no le pongo gasolina o no le doy el mantenimiento adecuado me deja tirado donde sea».

Cuando conocí a mi esposa tenía una camioneta *ford* muy viejita, de hecho, yo no la podía sorprender llegando a la casa sin que ella se diera cuenta ya que esa camioneta parecía un helicóptero de guerra; hacia tanto ruido que ella me escuchaba acercarme tres cuadras antes de llegar a la casa. Como a los dos años ya de estar juntos nos deshicimos de la camioneta y compramos nuestro primer carro del año, desde entonces todos los carros que hemos comprado han sido del año, no porque tengamos dinero sino porque hay algunas ventajas. Pero el punto principal es que si compran un carro que sea conforme a sus posibilidades, hay personas que compran carros que no pueden pagar y después pasan la vergüenza de que se los llegan a quitar; no compre un Mercedes Benz ya que es posible que no lo pueda pagar y quizá ni darle mantenimiento.

Recuerde, no compre carro para impresionar a alguien, cómprelo porque lo necesita...

«Si alguno de ustedes quiere construir una torre, ¿acaso no se sienta primero a calcular los gastos, para ver si tiene con qué terminarla?

De otra manera, si pone los cimientos y después no puede terminarla, todos los que lo vean comenzarán a burlarse de él.» Lucas 14: 28-29 DHH.

El dinero en común

Quiero terminar este capítulo narrándoles el proceso de sistema financiero que desarrollamos con mi esposa. Para mí es de suma importancia que las finanzas sean manejadas en pareja, que no exista una separación de dinero al menos que sea el que comúnmente han acordado ahorrar; es muy importante que ambos cónyuges aporten lo más que puedan y así establecer una unidad financiera, considerando que el dinero no es de una sola persona sino de la economía familiar.

Sabiendo que el dinero es una de las más grandes fuentes de tensión y estrés en un matrimonio tomamos la decisión de que nuestras finanzas las manejaríamos como una sola; nunca nos hemos preocupado por saber quién gana más o quien gana menos; la prioridad es que en el banco tengamos siempre los fondos para cubrir los gastos del hogar, nunca hemos tenido problemas por determinar de quien es el dinero ya que no nos consideramos dos personas sino una.

El problema que enfrentamos al principio de nuestro matrimonio fue que no todo el tiempo teníamos dinero, como pareja hemos enfrentado momentos difíciles económicamente hablando, en varias ocasiones y por varios días tuvimos que comer frijoles con arroz y tortillitas tostadas; cuando bien nos iba podíamos poner un poco de crema o un pedazo de queso en nuestro plato, pero éramos muy felices. Hay, sin embargo, matrimonios que tienen todo, pero no son felices. Razón tenía el proverbista cuando escribió: *«Más vale comer pan duro y vivir en paz que tener muchas fiestas y vivir peleando.»* Proverbios 17:1 DHH.

No olvido las veces que nos rebotaban un cheque por no tener suficientes fondos en el banco, o cuando nos atrasamos en el pago de la renta. Parece difícil de creer, pero a pesar de estar en los Estados Unidos, más de alguna vez deseamos tomarnos una soda y no tuvimos para comprarla; no fue fácil para nosotros como pareja, pero logramos superar todo con la ayuda de nuestro Dios y con la fuerza que nos da el amor que nos tenemos.

Si usted recibió consejos de alguien que le dijo que en el matrimonio cada uno maneja su propio dinero, es su decisión seguirlo; mas mi consejo es que no lo haga, ya que tarde o temprano esa separación le pasara factura, es mucho mejor que juntos tengan un plan financiero, para que un día pueda hace las cosas que desea, con la persona que ama y confiando que por más dura que sea la vida, con la ayuda de nuestro Dios podemos estar seguros que Él tiene cuidado de sus hijos, aprendamos a serle fiel a nuestro Dios cuando tenemos en abundancia así como cuando sólo tenemos lo del día. Medite en esto que dijo el apóstol Pablo, *«Sé bien lo que es vivir en la pobreza, y también lo que es tener de todo. He aprendido a vivir en toda clase de circunstancias, ya sea que tenga mucho para comer, o que pase hambre; ya sea que tenga de todo o que no tenga nada. Cristo me da fuerzas para enfrentarme a toda clase de situaciones.»* Filipenses 4:12-13 TLA.

Concluyo, cuando en un matrimonio ya sea el hombre, o la mujer, decide esconder dinero de su pareja es porque desconfían uno del otro. Decidir mantener dinero escondido de su cónyuge pensando que «uno nunca sabe si lo va a necesitar más adelante», es estar preparando la relación para el fracaso... Las parejas deben de hablar de finanzas antes de contraer matrimonio y ponerse de acuerdo en cómo manejaran las finanzas. Esto puede parecer incomodo al principio, pero necesario; es preferible esa incomodidad inicial que cometer el error de ignorar un punto tan importante para la estabilidad matrimonial, ya que a la postre nos puede pasar factura, desencadenando incluso hasta el divorcio.

ABUSO FÍSICO
O EMOCIONAL

La violencia conyugal es un comportamiento muy difícil de definir, ya que abarca un conjunto de síntomas que pueden involucrar abuso físico y/o emocional.

El abuso conyugal no resulta de la noche a la mañana en un matrimonio, es generado por un ciclo de violencia que a menudo comienza con un patrón de denigración verbal y abuso emocional y que se intensifica hasta que se manifiesta en una forma de abuso físico.

El abuso físico o emocional es muy frecuente en los matrimonios que no profesan una fe cristiana; con esto no quiero decir que un matrimonio cristiano no enfrente esa misma clase de abusos (aunque si en verdad fueran cristianos no lo experimentarían). Es muy triste ver que un matrimonio cristiano padezca una situación de abuso, pero más triste y desastroso es ver que una esposa busque un refugio, un consuelo, un soporte espiritual con su pastor y éste, en vez de ayudarla la arroje a los brazos de su propio agresor diciéndole que ella tiene que soportar, aguantar a su esposo porque la Biblia se lo manda; la verdad es que se basan en una interpretación errónea de Colosenses 3:18 TLA, *«Ustedes, las esposas, deben sujetarse a sus esposos, pues es lo que se espera de ustedes como cristianas.»* He conocido pastores a quienes no les importa que la violencia domestica esté haciendo estragos en un matrimonio, y en vez de ayudar someten a una esposa a una casi tortura física y emocional usando aquel pasaje bíblico, pues hoy en día hay tantos individuos llamados pastor que interpretan las escrituras a su conveniencia; la mayoría de estos pastores son machistas que aun a sus propias esposas las tienen como sirvientas en sus casas. A ellos les digo, mediten el siguiente versículo: *«Y ustedes los esposos deben amar a sus esposas y no ser groseros ni duros con ellas.»* Colosenses 3:19 TLA.

El colmo de estos llamados pastores es que se atreven a echarle la culpa a ellas del comportamiento de sus esposos, y es que, es típico que el abusador haga creer a su víctima que ella es la culpable de su comportamiento negativo; que ella es un fracaso como esposa y que, aparte de él, ella no puede hacer nada.

No olvidemos que el abuso físico puede evolucionar desde el que causa moretones y ofende verbalmente hasta ser más frecuente y violento, y convertirse en ataques serios que al final pueden llevar incluso al homicidio.

Lo peor que una esposa puede hacer estando en una situación así es creer o aceptar que ella es la culpable, pues por más absurdo que esto suene, algunas lo aceptan y cargan con esa responsabilidad.

Conocí un matrimonio en el que la violencia doméstica era como dicen el pan de cada día; en frecuentes ocasiones fuimos en horas de la madrugada para tratar de encontrarle una solución a sus problemas, pero, por más que intentamos no la encontramos ya que se habían acostumbrado tanto a esa clase de vida que ya no les interesaba solucionar sus problemas y cambiar su forma de vivir. Situaciones así son más graves cuando el matrimonio se confiesa cristiano.

Una tarde respondí una llamada telefónica y lo único que escuché fue gritos, el ruido de algunos objetos chocando y golpes de puerta; de pronto escuché los gritos de aquella hermana, «pastor, ayúdeme por favor, mi esposo me está golpeando...» Para ser honesto, ya estaba cansado de aquella situación; como pastor había hecho todo lo que estaba a mi alcance para de encontrarle una solución a los diferentes problemas que ellos enfrentaban, pero nunca vi un auténtico deseo de abandonar ese sistema de vida. Sin embargo, el instinto de ayudar y mi misión me impulsaron a tomar mi vehículo e ir donde ellos. Cuando entré a la casa del matrimonio no pude creer lo que estaba viendo, el rostro de la esposa deforme y grotesco. Mi primera reacción fue llevarla a un hospital, pero pensé que me harían preguntas y se involucraría la policía, lo cual podía complicar más las cosas. Entonces traté de entrar al cuarto del esposo, lo tenía con llave; le hablé fuerte desde afuera y, de pronto, me quedé sin palabras cuando la hermana me dijo, «no, pastor, mire, es que yo soy la culpable de que él me trate así, yo lo enojo a él y, pues, cuando se enoja ya no sabe lo que hace...» Le contesté que, si no supiera, no se hubiera encerrado.

En aquel momento llegó el padre de la hermana, quien no era cristiano. Ella me pidió que le dijera a su papa que había tenido un accidente en el que se había golpeado. Le respondí que no podía mentirle a su padre, insistió suplicándome que lo hiciera. En eso entró el papá, me saludó y al ver a su hija con el rostro en verdad desfigurado, le preguntó qué había pasado. «tuve un accidente», le mintió al papá, «y allí me golpeé, verdad pastor», aseguró poniéndome de testigo.

El padre, receloso con razón, dijo que los daños no parecían de golpes por accidente, sino de una patada, y dirigiéndose a mí me preguntó si era cierto el accidente... No podía mentirle y le dije la verdad. Comenzaron diversas discusiones y el padre quería golpear al esposo de su hija, pero sobre esto no entraré en detalles... Ahora tengo entendido que aquel matrimonio se mantiene, de lo que me alegro, pero lamentablemente por testimonios sabemos que su forma de vivir no ha cambiado.

Son muchos los factores que propician el abuso en un matrimonio. Algunos de esos factores, agravados en las personas que no tienen temor de Dios y se dicen cristianos, los desarrollo en las próximas páginas, con la esperanza que al conocerlos puedas encontrar la forma de tratar con ellos, eliminarlos completamente de tu vida y fortalecer la vida matrimonial.

El alcoholismo y las drogas

Para nadie es desconocido que el alcohol y las drogas en el ámbito del matrimonio es un factor muy erosivo, para la pareja e incluso para sus amistades y la familia en general. Las adicciones generan cuadros muy complejos en los que el rechazo y la violencia se mezclan con los sentimientos de dependencia y culpa. Siempre que uno de los dos tenga esa enfermedad, ambos terminan participando de la misma de una u otra forma.

Desde que tuve uso de razón mi vida estuvo muy ligada al alcoholismo, no porque yo bebiera a temprana edad, pero fue la clase de vida que mi padre me enseñó desde pequeño. El alcohol es una droga poderosa, que destruye la salud y termina cambiando por completo la manera de pensar y comportarse de una persona. Conforme vemos que avanza la adicción se deterioran seriamente los valores, el sentido de la vida y la capacidad para comunicarse consigo mismo y con los demás.   Por eso, el alcoholismo en un matrimonio siempre resultara devastador.

Si hay algo que pudiera rescatar del matrimonio de mis padres es que, a pesar de desarrollarse dentro de un mundo de alcoholismo, nunca existió por parte de mi padre un maltrato físico o verbal para mi madre; pero, no puedo negar los estragos que el alcoholismo hizo en nuestro hogar. Cuando una persona es presa del alcoholismo en verdad pierde el control de sus acciones y en muchas ocasiones, aunque no lo quiera, y sin darse cuenta cae en un ciclo de abuso físico, algunas veces verbal y de allí físico y violento... Las secuelas son algunas veces permanentes, pueden sanar los moretones y los huesos rotos de los abusos físicos, pero el abuso verbal sigue erosionando por años y en silencio la autoestima de su cónyuge... El alcohol y las drogas, pues, literalmente pueden llevar a un matrimonio al divorcio.

Por otro lado, es lamentable tener que reconocer que la violencia conyugal es un patrón de comportamiento que puede ser el resultado de una serie de diferentes factores que aprendimos desde niños, al observar -en mi caso y como ejemplo- el comportamiento alcohólico de mi padre. Estudios revelan que si no se rompe este ciclo de maltrato lo más probable es que se repita en las relaciones adultas. Es comprobado que la mayoría de hombres abusadores beben alcohol o usan drogas a menudo motivados por sentimientos de impotencia e inseguridad.   Muchos esposos abusan de su pareja solamente para inflar su orgullo y pensar así que son ellos los únicos que tienen el control de todo. Esto sin duda es el resultado de un sentimiento equivocado de amor y de una posesividad y celos enfermizos.

Para concluir con este tema rescato algo que aprendí de mi padre en medio de aquella vida de alcoholismo: a pesar de su forma de vivir me enseñó a respetar a la mujer, a nunca abusar de ellas ni verbalmente, mucho menos levantarle una mano para golpearla. Si has caído en las garras del alcoholismo y debido a eso estás perdiendo tu hogar, es tiempo que recapacites y pongas tu vida, así como tu hogar, en las manos de Dios, es el único que tiene el poder para restaurar nuestra vida y nuestro matrimonio.

Abuso verbal

El abuso emocional o psicológico que según estadísticas es sufrido por las mujeres en un 99%, es mucho más difícil de detectar cuando es la misma mujer quien lo oculta, generalmente por vergüenza. Este abuso emocional no deja moretones, no deja evidencias corporales como el abuso físico, pero es igual o más dañino que el primero ya que, como comúnmente decimos, un golpe pasa, pero las palabras se quedan en el corazón para siempre. Se cree que muchas mujeres ignoran por lo general que están sufriendo este maltrato, pero creo que tratan de ignorarlo por razones que más adelante expondré. Como sea, el maltrato emocional y psicológico es una forma de agresión que evidencia que una persona trata por todos los medios de tener un poder sobre la otra persona, con un comportamientos físico o verbal que atenta contra la estabilidad emocional de su pareja, con el objeto de que la víctima sufra intimidación, ocasionando en ella una bajo estima y, a la vez, volviéndola culpable de la situación.

Hay diferentes factores que anuncian cuando un matrimonio atraviesa una situación de maltrato psicológico y emocional. Estas formas de abuso adquieren generalmente la vía verbal, y recordemos que el abuso emocional por la forma verbal es un arma que el cónyuge usa para humillar o degradar a su pareja, aunque no implique violencia física.

La burla

Todos en algún un momento somos objetos de burla. Muchos de nosotros la sufrimos cuando niños o adolescentes, sobre todo en la escuela, pero logramos superar sus daños emocionales. Diferente es cuando esa burla viene de la persona más cercana a ti, aquella que un día prometió amarte, pero hoy en día te ridiculiza o humilla públicamente, actualmente incluso por las redes sociales... Muchos esposos se burlan de sus esposas enfrente de extraños con el solo propósito de humillarlas; eres una gorda, pareces un hipopótamo, no eres la misma que yo conocí, son algunas de las frases burlescas que los abusadores endilgan a su pareja... Torpes, pues, olvidan que ellos tampoco son los mismos de antes.

Palabras vulgares

El maltrato verbal es un maltrato psicológico encubierto por lo que a la víctima se le hace difícil reconocer que lo padece. Esta dificultad es aún más acentuada cuando el maltrato se ejerce por medio del uso de palabras y frase vulgares, que buscan intimidar y humillar a la víctima.

Es muy triste saber de matrimonios, o de personas, que llamándose cristianos emplean un vocabulario obsceno, hasta enfrente de sus hijos (que seguramente por el mal ejemplo también lo usara). Quienes así proceden no dan importancia al lugar ni al momento para expresar obscenidades, no les importa quien este enfrente, no cambian su forma de hablar o de ofender dando así un mal testimonio ante aquellos que no profesan nuestra fe.

Quiero sí, hacer una aclaración. Es importante no confundir ciertas palabras que en algunos casos pueden sonar bastantes fuertes, pero que no se expresan con la intención de ofender. Por ejemplo, algunas esposas le dicen gordo a su esposo, y no pretenden ofenderlo, o, algunos esposos dicen, esta es mi vieja, pero de igual forma no lo hacen de una forma despectiva sino más bien de cariño. En lo personal he sido en algunas ocasiones criticado en algunas iglesias, ya que, cuando presento a mi esposa por lo regular lo hago de esta manera: «Le doy gracias a Dios que en esta ocasión tengo la bendición que me acompañe mi amada esposa, la ***ingrata*** que me robo el corazón». Muchos ríen y comprenden que no lo hago para ofenderla; quienes me conocen saben que en la mayoría de iglesias me reconocen por usar mucho la palabra ingrato o ingrata. Jamás me atrevería yo a faltarle el respeto a mi esposa con una palabra denigrante, mucho menos una palabra obscena; en los 33 años que llevamos casados con mi esposa nunca la he ofendido verbalmente, por el respecto que como mi esposa se merece y porque estoy plenamente consciente que el día que yo le falte el respeto a ella, ese día le sedo las llaves para que también ella me falte el respeto a mí. Recordemos lo que nos aconseja la palabra de Dios, *«No digan malas palabras, sino sólo palabras buenas que edifiquen la comunidad y traigan beneficios a quienes las escuchen.»* Efesios 4:29 DHH.

Abuso sexual

Entre los muchos abusos que existen dentro del matrimonio, del esposo hacia su cónyuge, el abuso y la violación sexual son de los más degradantes (o el más más degradante, quizá sería exacto) que se pueden cometer, y un detonante para que el matrimonio termine en procesos de divorcio. Sin embargo, a pesar de lo fuerte que esto es dentro de un matrimonio hay mujeres que soportan esa aberrante conducta del esposo; o simplemente guardan silencio con tal de no tener conflictos con sus parejas o porque piensan equivocadamente que al callar pueden salvar lo que queda del matrimonio. Más grave es el caso de las mujeres que creen que tales actos son normales en una relación matrimonial, y hasta justifican el abuso diciendo, «¿quién no tiene problemas en el matrimonio?»

Es una realidad que muchas mujeres no han entendido que su cuerpo es de su propiedad y de nadie más. El matrimonio no convierte el cuerpo de la mujer en una propiedad del marido. Si usted tiene sentimientos de vergüenza, rechazo, confusión, denigración o incluso miedo después del acto sexual, lo más seguro es que sin darse cuenta esté siendo víctima de abuso o violación sexual.

La falta de conocimiento de sus derechos hace creer a la mujer que estando casada no tiene libertad para negarse a tener relaciones sexuales con su esposo si ella no lo quiere. Por eso, si usted en algún momento se ha visto obligada a tener relaciones sexuales no queriendo, ya sea por cansancio o simplemente porque no le apetece, y se lo ha hecho saber a su esposo, pero él insiste y ejecuta el acto sexual sin su consentimiento, no dude que, aunque el agresor es su propio esposo, ha sido víctima de una violación.

En este punto quiero aclarar que no es lo mismo violación y abuso sexual. La violación, es el acto directo de penetrar a otra persona sin su consentimiento, mientras que el abuso sexual está marcado más que todo por diferentes conductas sexuales que involucran el manoseo y uso de lenguaje sexualizado que humilla, ofende y degrada a la esposa, sin que haya penetración. Muchas mujeres creen que el abuso sexual ocurre únicamente cuando el agresor es un extraño, pero la realidad es más dura. El mayor porcentaje de violaciones sexuales ocurren entre personas muy cercanas a la familia, incluso por los mismos familiares; y, en la esfera matrimonial las violaciones se vuelven tan frecuentes que, por ignorancia o temor, se terminan aceptando como normales, en la creencia que el matrimonio obliga a tener relaciones sexuales, aunque no se deseen.

Es una realidad lamentable también que los mismos pastores, conscientemente o no, conducen a los matrimonios a entrar en un ciclo de abuso y violación. Son aquellos pastores que cuando las esposas buscan un consejo concerniente al tema, prácticamente las obligan a someterse sexualmente a sus esposos, tomando incluso erróneamente la misma palabra de nuestro Dios. Generalmente citan 1 Corintios.

> *«El esposo debe tener relaciones sexuales sólo con su esposa, y la esposa debe tenerlas sólo con su esposo. Ni él ni ella son dueños de su propio cuerpo, sino que son el uno para el otro. Por eso, ninguno de los dos debe decirle al otro que no desea tener relaciones sexuales. Sin embargo, pueden ponerse de acuerdo los dos y dejar de tener relaciones por un tiempo, para dedicarse a orar. Pero después deben volver a tener relaciones; no vaya a ser que, al no poder controlar sus deseos, Satanás los haga caer en una trampa.*

Por supuesto, les estoy dando un consejo, no una orden.» 1 Corintios 7:3-6 TLA.

Pese a lo que dicen aquellos pastores, está bien claro que el apóstol Pablo, tenía toda la intención de fortalecer la vida conyugal de los matrimonios con sus consejos más nunca obligarlos. La versión de la Biblia que cito es muy adecuada en este contexto (por cierto, las cursivas son mías) porque la aclaración final es muy contundente; le dice al matrimonio, que no se nieguen el uno al otro pero que si en algún momento, por ejemplo, por motivos religiosos como la oración, pueden negarse pero que no pase mucho tiempo para evitar que Satanás les haga caer en adulterio o fornicación y termina diciendo con total claridad que sus palabras son un consejo y que no los está obligando. No es pues, un mandamiento, como algunos pastores lo presentan.

Son varios los motivos por los cuales en alguna ocasión la esposa o el esposo no quieran tener relaciones sexuales, en el caso de la mujer, por cansancio ya sea por su trabajo o por el cuidado de los hijos, por estrés, por un dolor de cabeza o incluso por su período menstrual. En el hombre es más común que sea por cansancio o estrés, y si fuera por otros motivos de salud mi recomendación es que busque ayuda profesional. Para concluir quiero denunciar a los esposos que cuando sus esposas están en su tiempo menstrual han querido tener sexo con ellas y si se niegan perpetran una violación sexual. Debemos estar claros de que no sólo se trata de poder, sino también de querer... Por eso es válida la pregunta, ¿puede una mujer tener relaciones sexuales en su tiempo de menstruación? La respuesta es sí, y si está interesado en el tema le invito a leer mi libro *Matrimonio de 24 Horas*, donde profundizo en ese tema. Aquí, como consejo les digo que respetemos ese momento de nuestras esposas, no olvidemos que por más esposas nuestras que sean, si ellas dicen NO y usted la toma a la fuerza como suele ocurrir en algunas ocasiones, ella tiene todo el derecho de llamar a la policía y acusarlo de violación sexual. Usted, esposo que actúa así, puede ir por años a la cárcel, ser fichado como agresor sexual y quedar marcado por el resto de su vida bajo esos cargos.

Recuerde que no es necesario que ocurra una violación física o penetración para considerarlo una violación. Las parejas sanas se caracterizan en primer lugar por el amor, el cual nunca va acompañado de agresión. El amor no maltrata, no humilla, no obliga hacer nada que su cónyuge no quiera, ya que debe surgir un respeto en ambos. En una relación saludable, cada quien sabe que uno no es dueño de la otra persona, que tenga la libertad de decir que no sin que eso termine en pleito. En el amor debe existir un respeto mutuo del uno para con el otro como humanos dignos que somos.

Es muy importante reconocer que últimamente nuestra sociedad está siendo más consciente de estos abusos dentro del matrimonio. Aunque siempre el abuso sexual dentro del matrimonio ha sido reportado, nunca se le había dado la importancia que requiere debido al machismo de nuestra sociedad, que permitió que el hombre considere a su esposa como una parte de su propiedad. Hoy en día, las cosas en ese sentido han mejorado un poco, y si una mujer, o un hombre incluso, se considera víctima de maltrato puede acudir a muchas organizaciones que les pueden ayudar.

«Ustedes, las esposas, deben sujetarse a sus esposos, pues es lo que se espera de ustedes como cristianas. Y ustedes los esposos deben amar a sus esposas y no ser groseros ni duros con ellas.» Colosenses 3:18-19 TLA.

Podríamos seguir hablando de las distintas formas de abuso emocional o físico que un cónyuge puede llegar a ejercer, por ejemplo, que te haga sentir que sin él no eres nadie, que si no haces lo que él diga se mata o algo parecido, o, que te haga sentir que tu no sirves para nada... Nadie puede decirte que no eres nada o no sirves, sólo es de Dios esa potestad, de nuestro Dios para quien nada hay imposible. Cuando creas que tus fuerzas se han agotado para seguir peleando, Él te extiende su mano para fortalecerte y darte las fuerzas para seguir luchando por tu matrimonio.

Capítulo 6

PARECE QUE NO, PERO SI

Los tiempos cambian y cambia el mundo. Y esos cambios también alcanzan las relaciones matrimoniales. Algunos de esos cambios, de una forma u otra, han sido y siguen siendo de mucha ayuda para que en una relación se puedan tener las comodidades idóneas para un hogar en óptimas condiciones. Hoy en día una esposa no necesita sacrificarse mucho para cumplir con todo lo que un hogar demanda dentro de una relación.

Por ejemplo, cocinar. Antes, recuerdo que mi madre debía levantarse muy temprano para empezar a cocinar, ya que tenía que prender el fuego y para esto requería de leña y un buen tiempo para que la misma encendiera. De hecho, recuerdo que la cocina estaba encendida casi todo el día; el humo circulaba por la casa, pero era necesario por si era necesario utilizar la cocina en cualquier momento. Hoy en día es diferente. Una cocina a gas puede encenderse fácilmente para ser utilizada, para hacer un café sólo necesitamos poner agua a calentar en un microondas; a la plancha ya no tenemos necesidad de ponerle carbón y estarla soplando para que caliente y poder planchar la ropa, hoy sólo se conecta, se le pone agua y casi por arte de magia planchan ellas sólitas, casi. No se puede negar que la tecnología está siendo de mucha ayuda en el hogar, no digamos con respecto a las comunicaciones, antes para hacer una llamada telefónica teníamos que hacer uso del teléfono público y hacer grandes colas esperando nuestro turno, o pasar casi un día esperando una llamada cuando era internacional. Hace unas tres décadas nos hubiera asombrado ver que cualquier persona porta un teléfono y que pude llamar hasta la otra parte del mundo en segundos y directamente.

La tecnología ha hecho la vida más fácil y cómoda, y eso se refleja en el matrimonio. Algunos se alarman por la irrupción tecnológica, pero en realidad no nos tendría que alarmar. La Biblia, miles de años atrás nos anunció esta situación: *«Pero tú, Daniel, cierra las palabras y sella el libro hasta el tiempo del fin. Muchos correrán de aquí para allá, y la ciencia se aumentará.»* Daniel 12:4 RV.

La ciencia en los últimos años ha reflejado sus cambios en el desarrollo de la internet, y dentro de ésta en las redes sociales. Estas permiten que nos comuniquemos fácilmente, y no sólo por escrito, podemos conversar y hasta vernos en los dispositivos electrónicos. Estas redes sociales actualmente son más que un medio de comunicación, se han convertido en una forma indispensable para poder relacionarnos con los demás, para algunos incluso es un escaparate para darse a conocer y otros hasta las han asumido como un estilo de vida.

Pareciera que no, pero sí... Esta forma de vivir actual nos acerca más no solo a nuestros seres queridos si no, de igual forma, a nuestras amistades, en muchas ocasiones también a personas que ni siquiera conocemos, y es en este punto donde parece que no, pero sí, pues al margen de sus bondades las redes sociales también pueden llevar conflictos a una relación matrimonial que deriven en divorcio. Este es un factor que se debe tener en cuenta en las relaciones de pareja, estar alertas para cuidar el matrimonio.

En concreto, ¿perjudican las redes sociales el matrimonio? Bueno, de mi parte sería injusto echarles toda la culpa a las redes sociales, ya que nosotros tenemos la libertad para controlar cómo usarlas. Sin negar, por supuesto, que en muchas ocasiones han sido en gran medida intermediarias y promotoras de conflictos. Por ejemplo, es alarmante la enorme cantidad de matrimonios que se presentan en las cortes de la ciudad de Los Ángeles para separarse, y en muchas de estas separaciones más de alguna red social como Facebook, WhatsApp o Twitter están involucradas.

Entonces, lo que debemos tener muy claro es que estamos viviendo en pleno siglo XXI y hemos de ser realistas y saber que las redes sociales son de mucha utilidad en nuestro contorno de trabajo, familiar y social, sin olvidar sus aspectos negativos que hacen necesario que tomemos el control de las mismas. Conocer causas y efectos de estas redes sociales y así evitar que el mal uso de ellas perjudique nuestros matrimonios es imprescindible.

Estoy casado

Nunca he sido muy amante de la tecnología, en parte quizás porque no soy tan diestro usándola; cuando las aplicaciones electrónicas comenzaron a salir la verdad no me llamaban la atención, ni pensaba en usarlas. Sin embargo, llegó un momento que por motivos ministeriales y de trabajo tuve que comenzar hacer uso de ellas. Entonces me llamó la atención lo fácil que es poder hacer amistades de cualquier parte del mundo sin tener en realidad que conocer a esa persona. Esto, lo queramos o no, pone al usuario de las redes en situación vulnerable, con mala intención o sin ella, algunos usuarios de ambos sexos ven las redes como una forma de encontrar pareja. Por esto una primera medida para evitar problemas con nuestro cónyuge es poner en nuestro perfil que estamos casados; no es una garantía, pero sí una forma de evitar conflictos matrimoniales. Si estás casada y lo omites, tu marido podría pensar mal, y viceversa. Si sólo estas buscando una amistad en tus redes sociales, ¿qué importa que sepan tu estado civil? Como dije, en esto no hay una garantía. En mi perfil establezco que estoy casado y que soy un ministro evangélico, y, aun así, en más de una ocasión he recibido proposiciones indecentes de mujeres jóvenes y mayores, y, el colmo de la desvergüenza, hasta de hombres. Lo cuento porque sé que muchas otras personas han pasado por una situación similar y para hacer un llamado a desplegar nuestros principios morales para evitar caer en un juego que, sin advertirlo nosotros, puede llegar a minar la estabilidad del matrimonio y destruir todo lo que por muchos años usted y su cónyuge han construido.

Un consejo agregado: puedes compartir fotos en compañía de tu esposo(a), compartiendo un momento particular o un viaje, pero antes de subir esas fotos pregunte a su pareja si está de acuerdo. De esa manera se manda un mensaje a los amigos virtuales, sabrán que estás en las redes sociales para compartir y comunicarte, pero no para buscar una relación extramarital.

Falta de atención

Muchos de nosotros creemos erróneamente que estar con nuestra pareja implica por sí que le estamos dedicando atención. No nos percatamos que la atención va más allá de nuestra presencia física junto a ella. Es bueno que se pregunte si cuando está con su cónyuge, estoy realmente con él o ella, o solamente está llenando un espacio. Porque hay gran cantidad de parejas que están juntas, pero no se prestan atención, ni siquiera se miran, cada uno con su teléfono mirando cualquier cosa, en su propio mundo, en una total desconexión el uno con el otro.

Es por esta razón que hoy en día son muchos los que buscan atención en las redes sociales pasando horas frente al computador, y aunque no lo queremos admitir, nos convertimos en adictos a las redes sociales descuidando el mundo exterior que nos rodea y al que de verdad deberíamos prestarle atención, sobre todo a nuestra pareja.

Los estudios determinan que son más las mujeres quienes expresan su soledad y falta de atención de sus esposos en Facebook. Esto las vuelve objetivo fácil de personas inescrupulosas, que aprovechando la situación tratan por todos los medios de tener una relación con ellas.

Fotos inapropiadas

Muchos usuarios de las redes sociales desconocen que una vez suben una foto a cualquier de ellas, las fotos pasan a ser de uso público; en otras palabras, usted ya no tiene control de quien puede ver o no esa foto; son miles, cientos de miles las personas que en pocos minutos pueden verla en cualquier parte del mundo, y entre esas personas hay muchas mal intencionadas que pueden hacer un uso abusivo de las fotos. Incluso pueden hacer cosas aberrantes y engañosas, con los programas de edición de fotos pueden hacer los cambios que quieran en ellas... Tenga mucho cuidado con lo que sube a las redes sociales. Muchas veces confiamos sin una base firme en personas que sólo conocemos por una foto y un perfil que hasta puede ser falso. Y la demasiada confianza en las redes sociales a la postre puede acarrearnos problemas con nuestra pareja.

Se ha vuelto bastante común que algunas personas se atrevan a subir fotos inapropiadas a las redes sociales y son muchos las que las buscan. Aunque me parece incorrecto pienso que cada quien es libre de publicar lo que quiera; el problema se presenta cuando algún amigo de las redes, casi siempre hombres, se aprovechan de una amistad desarrollada virtualmente y comienzan a pedirles que les manden fotos de forma privada, donde estén en ropa interior o en casos más extremos, completamente desnudas. Algunas mujeres por su inmadurez, faltas de amor o por sentirse aduladas por las palabras sutiles de aquel individuo que está frente a un dispositivo, no miden las consecuencias, se vuelven vulnerables a tales solicitudes y terminan accediendo. Estas mujeres, además de poner en riesgo su matrimonio suelen terminar como víctimas de extorsión, sobre todo si están casadas. La amenazan con enseñar las fotos al esposo o difundirlas en todas las redes para exponerla públicamente. De allí a la depresión de la persona extorsionada hay un mínimo paso. Y es un paso que puede llevar al divorcio y hasta la muerte.

Se dan casos también de mujeres que usan las redes sociales para ofrecer sus fotos al mejor postor. Mujeres adultas y jóvenes se están prostituyendo en las redes.

Aún con esos peligros, es difícil ya desligarse totalmente de las redes sociales. Antes comenté que yo hago uso de Facebook por motivos de trabajo, a través de esa red puedo cumplir con mis trabajos como diseñador gráfico, publico mis libros y material cristiano del ministerio, nuestros viajes a Israel, etcétera, pero más la uso para dar consejería general y matrimonial.   Una mañana recibí una solicitud de amistad, a pesar de que soy muy cuidadoso en aceptar estas solicitudes de personas que no conozco, esta persona me pedía que por favor la aceptara, tuvimos una bonita conversación sobre diferentes temas por unos 30 minutos, de pronto comenzó a contarme de las dificultades que estaba enfrentando para poder darles de comer a sus dos hijos (en ese momento mi experiencia en estas redes me alertó que algo no muy bueno venía, ya que muchas personas han tomado estas redes sociales también para pedir dinero a gente que no conocen), me dijo, que quería proponerme que me enviaría fotos en ropa interior, y me dio la tarifa: 3 por 20 dólares, o 3 completamente desnuda por 50. Proseguí la conversación, pero de forma educada, sin ofenderla, le dije que no estaba interesado en eso. Insistió en que tenía que darle de comer a sus hijos y no hallaba qué hacer. Bueno, le dije, sí puede hacer algo, vaya y quite el internet, venda ese teléfono que tiene y cómprele comida a sus hijos.... El mensaje quedó en visto y no recibí más respuesta de ella; obviamente, la eliminé de mis contactos.

Nunca envíes fotos inapropiadas a nadie, aunque te digan que las van a borrar después que las miren, por si no lo sabías, aunque borren las fotos una vez las subiste ya no tienes control de ellas, al igual que los mensajes grabados, y pueden ser utilizadas incluso en una demanda de divorcio ante la Corte... No te arriesgues a perder tu matrimonio por una simple aventura cibernética.

Mundo irreal

Las redes sociales en pocos años se han convertido en una parte esencial de nuestras relaciones sociales y de trabajo, nos permiten como por arte de magia estar en contacto en pocos minutos con amistades o familiares y compartir nuestras actividades diarias en nuestro perfil. Pero, seamos realistas y veamos hasta donde este mundo es real, cuáles son las falsas apariencias de estas redes sociales, qué es lo real y lo irreal en ellas.

Son millones de personas que diariamente se conectan por medio de Facebook. Esta red social nos ha venido en muchas formas a cambiar la vida y hacerla un poco más llevadera, a muchas personas por no decir a todas, les encanta, pues tiene la característica que nos permite utilizarla para aparentar en realidad lo que en muchas ocasiones no somos, ya que nos permite publicar lo que queramos cuando queramos y no tenemos a nadie que pueda comprobar si lo que decimos es auténtico o no. Construimos un perfil a nuestro gusto, ponemos la foto que deseamos que nuestros contactos vean, en muchas ocasiones usamos filtros en estas fotos hasta sentirnos satisfechos de cómo nos miramos aunque sepamos que es trucada y que no somos como nos vemos. De esta forma comenzamos a crear nuestro propio mundo ideal, la imagen que quisiéramos tener de nosotros mismos, y lo ponemos como una realidad convirtiendo un mundo fantástico en un mundo real. Y hay personas que sin pensarlo aceptan ese mundo de mentiras como real, creen que todo lo que alguien publica en una red social es verdadero, y se equivocan. Lo que sí es real en las redes es que hay personas inescrupulosas que con el tiempo han aprendido qué publicar y cómo publicarlo, con la intención de llamar la atención de personas específicas y engañar a los ilusos o inocentes.

Una mañana un joven me escribió y me preguntó que tanto conocía de Facebook. Le dije que no mucho ya que yo solamente la utilizo para cuestiones laborales y muy poco socializo en la red con otras personas y con las personas que lo hago las conozco personalmente y sé que en realidad existen. Omitiendo detalles, el tema de la conversación fue que tenía una novia y él le había estado mandando dinero. Al preguntarle de donde la conocía me contó que tenía tres meses de noviazgo, pero en realidad no la conocía personalmente; ella le había enviado unas diez fotos por Facebook. Por respeto no me reí, le pedí que me explicara cómo es que tenía un noviazgo con alguien que no conocía ni había hablado con él. Su explicación fue ingenua, me dijo que sí la conocía por las fotos y que había platicado con ella a través de mensajes de texto... La actitud de aquel joven me hizo ver en él una persona con una baja autoestima, sin la confianza para enamorar personalmente y con el deseo de creer todo lo que la otra persona le escribía. Tres meses después, aproximadamente, me sorprendió cuando me volvió a escribir y me comentaba que en realidad la supuesta novia no existía, fue un muchacho quien le mandaba fotos de otra joven y se hacía pasar por ella. De esa manera le sacó casi 5.000 dólares. Pienso, pues, que es muy fácil publicar lo que a otros les parece envidiable o atractivo, porque ellos lo quisieran tener.

Por lo regular la mayoría de amistades que tengo en mi perfil son personas que realmente conozco i me propongo conocer; de hecho, cuando he viajado a mi país de origen u otro estado de Estados Unidos, donde estas personas viven, acordamos un encuentro y nos conocemos personalmente; en ocasiones mi esposa me acompaña a conocerles. Les confieso que a algunas de esas personas no las reconozco al verlas, son diferentes a la foto que ponen en su perfil, y esas experiencias me confirman una vez más que esta red social no es tan real como muchos creen.

Piensa esto: una persona antes de poner su foto de perfil se toma una gran cantidad de fotos seleccionando la mejor y la utiliza como si fuera representativa de su personalidad y apariencia (de ahí el peligro de decidir conocer a una persona sólo porque la viste en una foto). Es así, pues, que Facebook nos permite controlar con gran precisión la imagen que queremos presentarle a los demás. ¡Qué gran oportunidad de mostrar nuestro yo ideal! Y que gran oportunidad, diría yo, para convencernos de que corremos un gran riesgo al creer la falsedad que nos presentan las redes sociales.

Muchos todavía no han entendido que en esta vida nada es gratis, Facebook tiene un lema y es que es gratis y siempre lo será. En realidad, no es así, hay gente que se la pasa publicando tantas cosas y su estado emocional depende de cuantos «Me gusta» reciben sus publicaciones, y esto es en realidad lo que esta red quiere, que pases mucho tiempo en ella ya que con los «Me gusta» vamos creando una seria de anuncios que van llegando a nuestras amistades y a nosotros mismos; porque el negocio de ellos es la publicidad. Yo, por ejemplo, compro por medio de algunos anuncios que he recibido por ese medio y en realidad no tiene nada de malo ya que solo estas consumiendo un producto que necesitabas, pero es una muestra de que las redes sociales no son verdaderamente gratis.

Hace bien estar advertido de las falsas apariencias en las redes sociales ya que estas tienen un solo objetivo y es hacer crecer nuestro ego y vanidad. Al final del día nos damos cuenta que estos en realidad no sirven para nada. La sensación de creernos populares y aceptados por la sociedad es falsa, ya que las mismas personas que te regalan muchos «Me gusta» se los dan a otros, y cuando no los recibes al publicar algo te hace caer a veces en la depresión, crees que ya no eres muy popular y sin darte cuenta, poco a poco entras en un círculo vicioso que te impulsa a publicar algo que genere interés entre tus amigos, a cambio de una satisfacción momentánea, ya que de pronto alguien más publica algo que desplaza tu publicación, entonces publicas otra y así sucesivamente. De esa manera comenzamos a depender de la admiración de los demás, y nos olvidamos que en nuestro hogar sí tenemos en realidad alguien que nos ama, una persona amada que no debes cambiar por un ente imaginario. Mejor conversa más con tu cónyuge y no pases mucho dentro de estas redes sociales.

Conversaciones de doble sentido

Quiero concluir este capítulo con un llamado de alerta sobre el cuidado que debemos tener en nuestra forma de *chatear* con las amistades de nuestras redes sociales. Está dicho que todo lo que publicamos (fotos, mensajes de audio o escritos) se convierte en uso público y cualquier persona con la habilidad necesaria puede utilizarla para causar daño o sacar provecho de esa información.

Es fácil interactuar con la gente por medio de las redes sociales, ya que estas nos permiten cierta privacidad y nos dan la libertad de poder expresar nuestros sentimientos, ya sea que las conozcamos personalmente o no. Las redes ofrecen una plataforma en la cual nos brinda la confianza de poder abrirnos y contarles nuestros problemas a los amigos cibernéticos, y esto es frecuente, pues cuando estamos pasando por una crisis sentimental, buscamos de forma inconsciente nuevos amigos con la intención de pasar un buen momento o de fantasear con otras personas a las que podemos conocer con un solo clic.

Un elevado porcentaje de personas que hacen uso de las redes sociales son personas solteras, personas que muchas veces no son capaces de entablar una conversación personal o que tratan de satisfacer necesidades muy personales por este medio virtual.

Debido a esto, las personas casadas deben tener un especial y meticuloso cuidado en el uso de las redes sociales. Se sabe que uno de los grandes problemas actuales en los matrimonios es que, por falta de comunicación, por disminución del cariño y/o una baja o nula intimidad sexual, los cónyuges han encontrado en las redes sociales la forma de relacionarse con otras personas, sin darse cuenta atraviesan la delgada línea de su privacidad y cuando menos lo piensan, el «amigo virtual» pasa de la conversación general a una conversación donde desprevenidamente expresamos nuestra sexualidad, y la conversación, generalmente con matices de doble sentido, nos comienza a dar confianza y en pocos minutos estamos hablando de nuestras intimidades, confesando la falta de atención en el matrimonio. Esto puede traer consecuencias negativas, ya que al no tener a la otra persona ante nosotros nos relajamos y nos dejamos llevar por la charla e incluso nos vuelve más atrevidos, permitimos la seducción y nos ponemos peligrosamente al borde de una ruptura matrimonial o acaba en relaciones sexuales extra maritales. En ambos casos, la consecuencia puede ser el divorcio.

Esto cada día es más común de lo que creemos, muchas personas al no utilizar su propia identidad pueden, de forma más liberal, jugar con conductas que generalmente están puestas en juicio moral. Además, lo hacen con más frecuencia alentados por el hecho que no es necesario estar físicamente con la persona durante la interacción... No expongas tu vida ante personas que no conoces, no compartas intimidades con nadie, ya que esto te expone a diferentes peligros. No olvides que cada día hay más gente que utiliza este método para seducir teniendo conversaciones inapropiadas, no envíes fotos de semidesnudos, evita caer en el "sexting" de las redes sociales. Si no lo evitas, tu falta de prevención te llevará a un mundo de fantasía sexual, que al final acabará con tu persona e incluso con tu matrimonio si eres casada(o).

Seamos cuidadosos y selectivos en nuestras conversaciones y con lo que publicamos, debemos recapacitar sobre el uso que vamos a hacer de las redes sociales y sobre todo a quién le vamos a permitir acercarse a nuestra vida. Las redes sociales son un arma de doble filo: nos facilita las interacciones, ya sea con personas conocidas, familiares o para crear nuevas amistades, pero también nos deja vulnerables frente a otros. Para evitar problemas de pareja en las redes sociales, toma estas plataformas solamente como un pasatiempo, y que tu vida privada quede al margen. No pases mucho tiempo «conectada» y tendrás menos problemas relacionados con tu vida sentimental.

Recuerda parece que no, pero sí..., las redes sociales pueden llegar a destruir nuestro matrimonio y terminar de la noche a la mañana en un divorcio simplemente por fantasías... Y, en última instancia, aunque las redes facilitan la infidelidad, debemos estar muy conscientes que la responsabilidad de un divorcio no es de las redes sino tuya y de tu pareja. Al margen del mundo cibernético, somos nosotros mismos los que con nuestras acciones y comportamiento permitimos que la relación se marchite. Mejor invierte el tiempo que pasas en las redes en actividades que te permitan reparar el matrimonio. Respeten sus espacios, sus momentos de privacidad. Es bueno, de vez en cuando, echar de menos al otro, sentir la ausencia, ilusionemos con nuevos encuentros como si fueran los primeros. No olvides que la atención de tu pareja es como el cuido de una planta, necesita riego; pero no que la inundemos porque la podemos hogar también.

Capítulo 7

LOS CELOS

Los celos se consideran la causa de que muchos matrimonios terminen en divorcio, incluso cuando los celos son infundados pueden ser letales para la relación conyugal. Aunque existen diferentes clases de celos quiero ser especifico en referirme a los celos dentro del matrimonio. El término celos hace referencia a la emoción que una persona experimenta cuando siente que su relación está amenazada por una tercera persona. Esta emoción se manifiesta por el temor de perder a la persona amada, y se considera que los celos, moderados y manejables, son una expresión natural. Sin embargo, la realidad es que no todo el tiempo son verdaderamente sanos. Principalmente porque erróneamente consideramos que la persona que está a nuestro lado nos pertenece, cuando la realidad no es así.

Los celos son una respuesta emocional ante la posible amenaza de perder al ser amado y esto hasta cierto punto no está mal. Pero los celos se pueden volver patológicos y causar desastres; la persona celosa no puede ser feliz ya que vive atormentada por lo que siente. Incluso, en casos extremos, puede llegar a querer hacerle daño a la persona que ama.

Muchas veces me han preguntado en consejería matrimonial si los celos son o no buenos y si una persona cristiana los puede llegar a experimentar; mi respuesta es que sí, somos seres humanos con sentimientos y emociones y los celos son uno de ellos, Dios mismo nos muestra en su palabra que es un Dios celoso.

> *«No se arrodillen ante ellos ni hagan cultos en su honor. Yo soy el Dios de Israel, y soy un Dios celoso. Yo castigo a los hijos, nietos y bisnietos de quienes me odian, pero trato con bondad a todos los descendientes de los que me aman y cumplen mis mandamientos.»*
> Éxodo 20:5-6 TLA.

En este pasaje bíblico queda claro que el mismo Dios demanda una fidelidad del pueblo de Israel, los exhorta a no prostituirse adorando a otros dioses ajenos a los estatutos que Él les ha mandado. Una fidelidad similar demanda también el matrimonio, y el cónyuge tiene el derecho de sentir celos por la persona que ama. Una vez más enfatizo que los celos en realidad no son malos cuando los mismos se desarrollan al cuidado y protección de la persona que amamos. Yo me considero un hombre muy celoso con mi esposa, el no serlo simplemente reflejaría la falta de amor y cariño que siento por ella. Lo que se quiere se ama y se cela, pero con un celo sano y protector hacia el ser amado.

No podemos tapar el sol con un dedo ignorando que en más de una ocasión hemos sentido alguna vez esa sensación rara, de miedo y nervios que invade nuestro cuerpo al solo pensar que nuestro cónyuge pudiera estarnos siendo infiel. No controlar estos sentimientos puede acabar convirtiéndose en algo obsesivo y dañino si nos dejamos dominar por ellos. Esto explica que los celos son de los problemas más destacables en las relaciones de pareja de casi todo tipo de perfiles psicológicos. Y es que los celos son un fenómeno que aflora a partir de creencias poco acertadas sobre la realidad y que no sólo afecta negativamente a quien experimenta estos celos, sino también a la persona hacia la que se dirigen. Si no tratamos de superar estos celos dañinos en una relación al principio de su manifestación será muy difícil de superarlos posteriormente.

Veremos a continuación cómo podemos superar los principales motivos por los que se dan los celos, para así comprender mejor cómo podemos afrontarlos.

Inseguridad

Muchos mantienen inconscientemente una gran inseguridad en todo lo que hacen, la inseguridad es un estado en el que no somos capaces de confiar en nosotros mismos y sentimos que no respondemos a las expectativas que nos imponemos. El hombre o la mujer celosos, sufren de mucha inseguridad sobre lo que ellos son o lo que tienen. Esto, en muchos casos, puede deberse a situaciones difíciles del pasado o modelos de educación, que han dejado una marca en su forma de ser. Por lo regular este tipo de personas, no sólo son inseguros en su relación amorosa, también pueden serlo en los diferentes lugares donde conviven, además, pueden ser muy temerosos para toma ciertas decisiones. Vivir con esa inseguridad puede llegar a ser muy perjudicial y destructivo, no solo para ellos sino para todas las personas con las que se relacionan, pero muy especialmente en una relación de pareja. En un matrimonio la inseguridad emocional viene a marcarse más en las mujeres que en los hombres. Muchas de ellas se sienten muy inseguras con sus propios cuerpos, pues ellas nunca se sienten bien, la inseguridad puede llegar a tanto que no pueden tener relaciones sexuales con la luz encendida porque creen que tienen un cuerpo feo, lleno de estrías, celulitis o porque se ven gorditas o delgadas. Este grado de inseguridad puede deberse a las fuertes presiones sociales que recibe la mujer en nuestra cultura, ya que lamentablemente en vez de sentirse felices como son, se comparan con otras asumiendo muchas veces un grado de inferioridad. Pero bien, tampoco debemos sentirnos culpables de nuestra inseguridad; la clave está en identificar la razón de base y trabajar para forjar una relación sana y libre de inseguridades.

Los hombres tampoco nos quedamos atrás en este tema de la inseguridad, sobre todo en lo personal. En mi caso siempre me he sentido feliz como soy, seguro de mí mismo, siempre he dicho que si tuviera la fortuna de volver a nacer me gustaría ser idéntico a como soy, ni más alto ni más bajo, ni más gordo, ni más flaco, creo que la clave de un matrimonio es vencer la inseguridad y quererse exactamente como son, con sus virtudes y defectos. Hay que reconocer que los celos son un sentimiento que se genera en uno, producto de nuestra inseguridad, por eso debemos, antes que nada, fortalecer nuestra confianza y la fe en nosotros mismos. Reconocer que somos muy valiosos como todos los demás seres humanos, que tenemos mucho para dar como personas, que no eres menos que nadie, únicamente eres diferente, que eso es precisamente lo que nos hace únicos y especiales.

Es posible que no podamos lograr todo el tiempo un objetivo o que no seamos lo suficientemente buenos para lograr nuestras metas. No obstante, el secreto está en aprender a superar estas inseguridades y encontrar las herramientas adecuadas para fortalecer nuestra autoestima.

Controlador

El controlador puede ser el hombre o la mujer, pero, más frecuentemente es el hombre el que se vuelve posesivo y controlador con su cónyuge producto de su inseguridad y bajo estima, y se caracteriza por tener una personalidad obsesiva. Trata de revisar todo cuanto pueda de su esposa y siempre parece estar a la defensiva. Se enfada con mucha facilidad y en algunos momentos, puede volverse muy agresivo con su cónyuge. Por eso me enfocaré en el hombre, aunque las mismas observaciones son aplicables a la mujer controladora y tóxica.

Un hombre controlador se caracteriza porque es absolutamente **posesivo**, es un hombre que no quiere que su esposa salga con nadie a menos que sea con él. Esto en realidad sólo refleja inmadurez de parte del esposo; nada de malo tiene que la esposa salga con sus amistades, ella puede salir a divertirse, con sus amigos, su familia, compañeros de trabajo o con quien sea siempre guardando el respeto que le debe a su pareja y en momentos apropiados. Eso no tiene por qué molestar al cónyuge, pues, no está haciendo nada malo.

Casi nunca es fácil identificar a una persona controladora, la mayoría de veces la descubrimos hasta que ya estamos casados con ella y ya es demasiado tarde para retroceder, aunque no difícil si esa persona está dispuesta a cambiar. Casada o no espero que en este capítulo encuentres ayuda para evitar a las personas controladoras o superar los problemas que estas personas generan en el matrimonio.

Es lamentable ver que muchas mujeres se quedan calladas y se someten ante un marido posesivo, prefieren mantenerse alejadas de sus amigos y no hacen nada por el miedo a poder enfadar al marido.
Eso no es saludable dentro de un matrimonio y no responde a la importancia que tiene cultivar lazos de

amistad y gozar responsablemente de la libertad para hacer cosas que nos gusten, y tener la confianza de contar con el respaldo y aprobación del cónyuge.

El control oprime, ahoga, el control te quita tu identidad, el control te destruye. Muchas mujeres confunden este control del esposo con amor, Tú crees que amas y que tu esposo te controla porque te ama, cuando en realidad ambos están en un laberinto sin salida. Una relación sana se basa en el respeto y tiene que ver con el respeto de quien eres. Cuando permites que te controlen, estás destruyéndote tú sola, buscando un amor que no existe (quizás por inexperiencia), y no te das cuenta que tienes la oportunidad de amar sanamente y de igual forma ser amada. Si crees que necesitas de alguien que te diga qué hacer, significa que tienes problemas de autoconfianza y madurez, que no confías en ti misma. El secreto está en que descubras ese potencial que está dentro de ti, ¡todos lo tenemos! Toda mujer merece ser feliz y no debes sentirte prisionera de tu propia vida; mucho menos debes encadenarte a una relación que solo te trae desgracia, angustia y un deterioro creciente con los días de tu autoestima.

Otra característica de los esposos controladores es que también son muy **tacaños**, sí, así como lo escuchas, tacaños. La tacañería es otra forma que tienen para tener controlada y sumisa a su cónyuge. Ciertamente no se puede ser botarate e irresponsable con las finanzas, pero otra cosa es ser tacaño, o «agarrado» como se dice popularmente. Todos los extremos son malos. Cuidar las finanzas es bueno, pero cuidar excesivamente el dinero sin razón causa serios problemas en la familia.

Una hermana a la cual conocimos por varios años, siempre que compraba algo, por más mínimo que fuera el precio pedía un recibo de la compra, algo que no es común en la generalidad de personas. Un día aquella hermana compró una soda y pidió recibo. Picó mi curiosidad y le pregunté por qué lo hacía, su respuesta me dejó frio: «Esto es muy penoso para mí, pero es para que mi esposo vea en qué me gaste el dinero que me dio». Escuchar esto en pleno siglo XXI no se puede creer, ¿cómo se sentiría si su pareja le pide cuentas de cada centavo que usted gasta? Creo que cuando nos volvemos sumamente controladores del dinero realizamos acciones contraproducentes para el matrimonio y atentamos contra las áreas de la convivencia que requieren mejoras para el bienestar familiar. Por lo regular el controlador y tacaño pide cuentas de cada gasto, pero nunca da cuentas de lo que él gana, gasta o ahorra, rompiendo de esa manera la confianza en que debe sustentarse una relación familiar, basada en dar y recibir, dos acciones que demuestran transparencia en el hogar.

Sin ese benéfico y justo dar y recibir es completamente traumática una relación matrimonial. En lo personal nunca he sabido cuánto gana mi esposa, ni ella cuánto gano yo; al final de año cuando declaramos nuestros impuestos, ya que lo hacemos juntos como debe hacerlo todo matrimonio, nos quedamos sorprendidos de los ingresos obtenidos. Como matrimonio compartimos todos nuestros ingresos, las mismas tarjetas de crédito que tengo yo tiene mi esposa, ambos tenemos la libertad de comparar lo que queramos sin tener que rendirle cuentas al otro, aunque siempre antes de comprar algo como una forma de respeto y cuidado sano de nuestras finanzas nos comentamos lo que compraremos.

Estar en una relación con un cónyuge controlador y a la vez tacaño es de hecho muy incómodo y difícil, para decir lo menos, dentro de un matrimonio. Los cónyuges controladores suelen manejar las cosas al detalle, criticar y limitar las otras actividades de sus parejas. Dependiendo de esta conducta controladora, es probable que surja un cambio en el cónyuge para mejorar su matrimonio. Algunos, al ver que no hay cambios en el cónyuge controlador, radicalmente le sugieren a la víctima considerar la posibilidad de terminar la relación con la persona controladora, a fin de recuperar su independencia... Como ministro y consejero no creo que esa sea la primera opción, al contrario, lo mejor es evitar que los matrimonios terminen en divorcio, y para ello es necesario agotar todos los recursos para evitar que una actitud controladora separe a los esposos.

La persona controladora se identifica también porque te impone lo que tienes que hacer, cómo debes ser, como vestir o de qué forma puedes hablar. Se olvida por completo de que tú eres una persona independiente y que él sea tu pareja sentimental no significa que es tu dueño. Yo no me pondría nada que no me permita estar cómodo y seguro de lo que traigo puesto, ni tengo como esposo el derecho de imponerle a mi esposa que vista lo que a mí me gusta, aunque no le guste a ella. Son muchos los esposos que le imponen a su pareja hasta como debe vestir. (Aclaro, no está mal que le recomendemos alguna ropa que consideremos le queda bien, que encaje con su cuerpo; tenemos que reconocer que hay mujeres que no saben cómo vestirse, tratan de caber en una talla 5 cuando ellas saben muy bien que son talla 10). En nuestro hogar hemos tratado que exista siempre ese respeto, ni a nuestros hijos les imponemos cómo deben de vestir. Lógicamente no les permitiríamos en ningún momento que se vistan como pandilleros o en una forma indecente; pero ellos tienen la libertad de escoger la ropa por su estilo o color... Recuerdo que en mi niñez no tuve esa oportunidad, en algunas ocasiones tuve que usar la ropa que mi hermano iba dejando, no teníamos opción de escoger, pero eso tampoco me da la facultad de imponer una forma de vestir a mis hijos, mucho menos a mi esposa. El único día, recuerdo, que yo escogí la ropa que compraría mi esposa fue por una circunstancia particular. Mi esposa, lo he mencionado antes, no es «gastona», de hecho son muchas las veces que ella sale a comprar algo de ropa y luego de dos o tres horas vuelve a casa sin nada. Le pregunto por qué no hizo sus compras y casi siempre su respuesta es que no le gustó nada o que recordó haber visto más barato el mismo producto en otro lugar. El punto es que rara vez compra algo, y esa fue la razón por la cual una tarde fuimos con mi hijo mayor a una tienda de departamento y le compramos cinco vestidos que estaban en exhibición; sabíamos que se miraría muy hermosa. La llevamos con mentiras, pero no le impuse los vestidos; fue ella quien de los cinco eligió dos y otros tres los escogió ella.

La mayoría de esposos controladores por lo regular también le impiden trabajar a sus cónyuges, lo hacen con dos objetivos: primero, estar seguros donde está ella físicamente, y, segundo, volverla dependiente de él. El machismo lleva a que estos hombres prefieran que la mujer se dedique todo el tiempo al cuidado del hogar, con el único propósito de mantener controlada a su esposa. En el trasfondo, todo hombre que no deja que su mujer trabaje o que se desarrolle profesionalmente, lo hace porque es inseguro, egoísta; es un controlador con mucho temor a que sus esposas se superen más que ellos.

Es cierto que tradicionalmente el lugar de la mujer ha sido en el hogar, no en algún empleo fuera de la casa. Sin embargo, los tiempos han cambiado radicalmente, pero, a pesar de estos cambios hay esposos que siguen sosteniendo que el lugar de la mujer todavía es el hogar, aunque, para que tengan una idea, en los Estados Unidos en más del 47 por ciento de los matrimonios, tanto el esposo como la esposa están trabajando.

Es muy común ver que en la mayoría de matrimonios que tienen hijos en EE.UU. la mujer trabaja fuera del hogar. Esto hace que sea muy común dejar a los hijos en lugares donde los cuidan durante las horas que trabajan los padres. Por esta razón también hay que hacer una evaluación si es apropiado que ambos trabajen, ya que puede ser posible que la mayoría del ingreso extra que puede generar la esposa para el hogar esté desviándose para el pago del cuidado de sus hijos. En la práctica, a muchas mujeres no les importa en realidad esa fisura en su economía, ya que al trabajar ellas pueden tener una libertad económica para no verse en la necesidad de estarle pidiendo recursos al esposo y mantener su propia autonomía económica.

En otros casos hay mujeres que ya trabajaban cuando se casaron, pero lamentablemente hay muchos hombres que al momento de casarse le piden a su esposa que deje de trabajar, a sabiendas que no es eso lo que ella quiere, pero así se aseguran de tener todo bajo control. Las mujeres con baja autoestima erróneamente aceptan no trabajar en nombre del amor. Sin embargo, la mujer debe ser lo suficientemente fuerte para enfrentar esta realidad y hacer valer sus derechos, ya que una persona insegura también puede ser controladora, pues tratará que su pareja no tenga contacto con nadie para evitarle la oportunidad de conocer a otro tipo de gente, pues cree que eso puede ser un riesgo para su relación.

Si el caso es que ambos llegaron al acuerdo de que los dos trabajaran, tengan mucho cuidado para que sus horarios de trabajo no los oblige a pasar la mayor parte del día separados, o que el tiempo que les queda para compartir y disfrutar de su relación amorosa sea extremadamente limitado. De lo contrario, terminarán quejándose del trabajo del otro, de las horas que pasan fuera de casa, el descuido de los hijos, del cansancio y del abandono de la pareja. Si esto llegara a ocurrir lo más indicado es sentarse y buscarle una pronta solución al problema, ya que no considero que haya ningún dinero que pueda comprar la bendición de tener un hogar lleno de amor, y sobre todo bendecido por Dios.

Personalmente siempre le hice ver a mi esposa que debía superarse, prepararse intelectualmente, que aprendiera a defenderse por sí misma, que no dependiera nunca de mí; no porque no pudiera mantenerla o darle lo que ella necesita, sino para que no tuviera que pasar, como lamentablemente le pasa a otras mujeres que por no poder trabajar, manejar o sobresalir por sí mismas, tienen que aguantar muchas veces el maltrato físico, psicológico y hasta sexual por parte de hombres inescrupulosos que no les importa lo más mínimo dañar a sus esposas. Además, en estos días es mucho mejor y beneficioso que los dos trabajen pensando en el bienestar de la pareja y de los hijos, siempre y cuando, como dije anteriormente, no venga esto a dañar las bases fundamentales del matrimonio, *«¡Qué difícil es hallar una esposa extraordinaria! ¡Hallarla es como encontrarse una joya muy valiosa! Quien se casa con ella puede darle toda su confianza; dinero nunca le faltará.»* Proverbios 31:10-11 TLA.

Capítulo 8

POCA INTIMIDAD SEXUAL

Siempre ha existido una gran interrogante entre los matrimonios, cristianos o no, en cuanto a la frecuencia con que deben tener relaciones sexuales y cuanto es el promedio que tiene que durar esta intimidad. No me enfocare en dar estos detalles ya que en realidad no es el tema, pero les recomiendo para profundizar en él mi libro "Matrimonio de 24 horas", en él expongo detalles que responden a aquella interrogante. En este capítulo me enfocaré en las razones por las que algunos matrimonios pierden el interés sexual hacia su pareja, un hecho que si no es tratado a tiempo con mucha probabilidad hará que la pareja termine en un divorcio.

Al abordar este tema lo típico es que ninguno de los dos cónyuges toma la responsabilidad por el desinterés en la intimidad sexual. De esa manera se cierra también a comprender que hay diferentes factores, físicos o psicológicos, que pueden causar tal desinterés sexual. Anteriormente dije que, si por algún motivo los esposos se separan en la intimidad, que la separación no sea por mucho tiempo. Los invito a leer de nuevo 1 Corintios 7:5, versículo que cité antes.

En ese versículo el apóstol Pablo aconseja que no pase mucho tiempo sin tener intimidad con su pareja, y es que la ausencia del deseo sexual de forma prolongada es un problema que afecta directamente al matrimonio, y en extremo puede causar daños psicológicos. Si por alguna razón sus relaciones sexuales han disminuido o si siente angustia al pensar que se está llegando la noche y que tiene que estar con su cónyuge íntimamente, no queriendo estarlo, es muy probable que algunos de los aspectos que trataremos podrían estar afectando su relación matrimonial. Por fortuna, todos tienen solución, así que pongamos cada uno de nuestra parte teniendo una buena comunicación y dialogo con nuestra pareja para encontrar la solución de cada una de esos aspectos.

La monotonía

No podemos negar que al inicio de una relación todo parece color de rosas, en realidad nada nos ofende ni nos preocupa, al contrario, todo nos resulta novedoso y apasionante, incluidas las relaciones íntimas. Sin embargo, el deseo y la atracción sexual puede disminuir con la rutina. En muchas ocasiones nuestro enfoque diario en nuestras actividades, así como nuestro trabajo o las ocupaciones del hogar y sus diferentes responsabilidades, no nos dejan el tiempo suficiente para poder dedicárselo a nuestra pareja y menos en pensar llegar a casa y tener momentos románticos con ella. Pero, por otro lado, también sucede que sin darnos cuenta vamos llevando el matrimonio hacia la monotonía.

Si no hacemos nada como pareja y nos vamos acostumbrando a tener relaciones sexuales el mismo día a la misma hora, en el mismo lugar y no cambiamos la forma de seducir a nuestra pareja, todo se volverá aburrido, perderemos interés en nuestro cónyuge y más que desear tener relaciones íntimas, nos sentiremos obligados o, peor, forzados a tener una relación sexual que nosotros en realidad no deseamos. Seguir con una relación así solamente genera frustración y agranda los problemas en el matrimonio. Generalmente en mis charlas de consejería les aconsejo a los matrimonios a que se tomen unos días para dedicarse tiempo mutuo, recordemos que una relación está compuesta por dos personas y no solamente por una, vayan juntos una tarde a caminar al parque, busquen actividades que juntos puedan desarrollar y que a los dos les gusten; además, no solamente tengan relaciones sexuales en su habitación, pueden también buscar otros lugares que les resulten cómodos y excitantes en su propio hogar para tener relaciones sexuales.

Espero no ser mal entendido, pero tener relaciones sexuales siempre con la misma persona, en la misma posición y en la misma cama, repitiendo la misma rutina sexual por muchos años, sin duda alguna mata cualquier libido de un matrimonio, no hay pareja que pueda resistir eso por muchos años. Personalmente les recomiendo que tengan un cambio de escenario, si pueden y viven en el área de Los Ángeles les aconsejo que hagan un crucero de un fin de semana, en realidad no son caros, usted sale un viernes por la tarde y regresa el domingo por la noche; es algo que en verdad marcará su matrimonio de una forma positiva, despertará y sacará de ustedes una pasión que quizás no habían descubierto antes. Si por algún motivo no pueden hacerlo, pueden pasar también un par de días en un hotel (no se tienen que ir lejos, puede ser en la misma ciudad donde viven), es un lugar adecuado para avivar la llama de una relación que puede estarse apagando, pues es un lugar lejos de los trajines diarios del hogar, donde estará seguro que ningún niño se le ira a meter a su cuarto; en el hotel usted se podrá relajar y tener libertad, de gritar incluso si así lo desea durante su intimidad. Comprenda que el deseo sexual proviene de lo que uno mira, por eso no olvide esa ropita sexual, negra o roja que volvió loco a su esposo; el punto principal es salir de la rutina y conseguir los cambios que nos permitan fortalecer día a día nuestros lazos matrimoniales.

Aseo personal

Pareciera una aberración lo que a continuación trataré, pero es algo más común de lo que muchos creemos. Quedé verdaderamente asombrado la vez que escuché que un matrimonio contemplaba divorciarse por el hecho que al esposo no le gustaba bañarse... ¡Sí! Y así como usted quizás esta sorprendido, así mismo quedé yo. Aquella tarde una hermana que me había pedido consejería, comenzó diciéndome, «pastor, me es muy penoso hablarle de esto, pero la razón por la cual estoy pensando en divorciarme es porque a mi esposo no le gusta bañarse, además no le gusta usar desodorante ni cepillarse los dientes antes de acostarse, y la verdad, ya no soporto su mal olor todas las noches, sobre todo cuando él desea tener relaciones sexuales conmigo... He llegado al grado de casi vomitar mientras estamos en la intimidad, y a él al parecer eso no le importa». Le pregunté sí había platicado con el esposo el problema, y me respondió que no, «no quiero ofenderlo o que se sienta mal por lo que yo diga»... Este es el peor error que un cónyuge comete: no hablar, no sólo de este tema sino de todo lo que pueda crear grietas en una relación y que, a la postre, se convierta en motivo de una separación. Culturalmente hablando el aseo personal es una de las primeras cosas que nuestros padres nos inculcan, pero, como dije, este problema es más común de lo que muchos pensamos, Según estudios psicológicos, esta es una de las quejas más frecuentes que las mujeres hacen en las consejerías. No sé por qué, pero las mujeres son como más sensibles a los olores, mi esposa muchas veces siente, percibe los olores de cualquier cosa antes que yo; es muy común que me diga, ¿no hueles? Considero que nuestro aseo personal tiene que ser diario, sin importar si tendré o no relaciones íntimas con mi cónyuge.

Este problema no solamente lo experimentan los hombres, también hay mujeres con el mismo problema... Un día, como las tres de la tarde, un hermano me llamó por teléfono, «Estuve en la conferencia matrimonial que usted dio este fin de semana en nuestra iglesia», me explicó, «en el receso dijo que podíamos hacer cualquier pregunta de una forma anónima en el papelito que usted dio y que posteriormente usted escogería las mejores para responderlas..., bueno, a mí me hubiera gustado hacer la mía pero no pensé que la pudiera escoger, por eso mejor decidí llamarlo... Tengo ya 10 años de casado y tenemos tres hijos con mi esposa, nos llevamos muy bien, la verdad casi no discutimos y siempre nos apoyamos en todo, ambos cuidamos de los niños así como compartimos las responsabilidades del hogar, pero estoy enfrentando un problema desde hace años y ya me tiene desesperado, la verdad no sé qué hacer, pues este problema está afectando seriamente mi relación matrimonial, a tal grado que ya no quiero tener ninguna intimidad con mi esposa, por eso me atreví a llamarle en busca de su consejo». Lo animé a que me contará el problema y continuó, «Me da mucha pena, pero fíjese que el problema que tenemos con mi esposa es que a ella no le gusta bañarse muy seguido, su olor es muy fuerte y cuando estamos en la intimidad lo menos que puedo hacer es concentrarme en lo que estamos haciendo». Al igual que a la hermana del testimonio anterior, le pregunté si había platicado con su esposa, y su respuesta fue similar, «He querido hacerlo, pero tengo miedo de ofenderla o, peor, que se enoje conmigo... La verdad, la he aguantado por varios años; al principio cuando nos casamos, me di cuenta que no le gustaba asearse mucho, pero pensé que con el tiempo cambiaría... Yo estoy de acuerdo con que en algún momento por falta de tiempo o por cansancio no nos bañemos una noche, pero lo de ella ya es demasiado... La verdad, estoy pensando en separarme de ella porque no soporto más».

Sin más detalles, lo que salta a la vista en los dos testimonios es que ninguno de los afectados ha tenido la honestidad de platicar el problema con su pareja. Para ambos casos, y para todas las parejas que se encuentran en parecido trance, mi consejo es el mismo: no podemos solucionar un problema, cualquiera que sea, dentro del matrimonio si no lo hablamos con nuestra pareja. Y debemos hablarlo de forma adecuada y respetuosa, evitando expresiones como «eres un *shuco*», «apestas», «anda a bañarte», «cómo se te ocurre que voy a estar contigo cuando hiedes como un puerco».... La forma correcta es la forma sincera, directa, pero con mucho respeto. Prepare el ambiente adecuado, tenga lista la ducha, aguante un momento la respiración y dígale a su pareja de una forma bonita y seductora, amor nos vamos a bañar, me encantaría pasar contigo un momento rico bajo la ducha, abrácelo y vaya llevándolo al baño, una vez lo tiene en el baño, retírese si usted quiere, o, como dicen, ahorren agua y báñense juntos. Esto es muy bueno para las parejas, quizás no todo el tiempo puedan hacerlo, pero cuando les sea posible preparen un ambiente bonito con una luz baja, algunas velas y, por qué no, preparar algo para beber y con un poco de música romántica instrumental prepárense no sólo para solucionar el problema, sino también para descubrir cualidades que muchos no sabían que tienen.

Descuido personal

El descuido personal es un enemigo silencioso de la estabilidad matrimonial, y lo mantiene moribundo, si es que no lo mata completo.

Siempre digo que nuestro deseo de comer depende de qué tan bueno este el menú. Comenzamos sintiendo el deseo de comer al ver las fotos bien tomadas y apetitosas de un menú... ¿Cuando usted ve un comercial bien hecho sobre comida no le dan ganas de comer? Eso es lo que nos hace ordenar comida a domicilio o ir a un restaurante en particular. He tomado este símil para explicarle que tanto a hombres como mujeres les gusta ver al sexo opuesto atractivo, dinámico y enérgico, bien arregladito y oliendo bien rico. No hay cosa peor para matar la pasión que la mujer llegue a casa y encuentre al esposo sin arreglarse, tirado en la sala viendo televisión, e igual le sucede al hombre cuando llega a casa y encuentra a la esposa en similares situaciones... Esto, que al principio puede ser tolerable, un día se convierte en detonante potencial para que un matrimonio termine en divorcio.

Cuando nos casamos con la persona amada, entre otras razones fue por la atracción que sentimos por ella al verla, por su forma de vestir, de cuidarse, así comenzó el amor que tenemos por nuestra pareja; pero, muchas personas, una vez casados olvidan que debemos mantener ese afecto día con día y no dejarlo morir. Es reto que toda pareja tiene; si uno no se esfuerza día a día, cuidando su personalidad, evitando discusiones y desacuerdos, lo más probable es que un día el amor salga por la puerta, así como un día entró.

En un matrimonio la responsabilidad de mantener siempre encendida esa llama de la pasión es de los dos.

No permitamos que nuestro descuido personal dañe nuestra relación matrimonial, ni creamos que estar casados nos garantiza la seguridad de tener para siempre a nuestro cónyuge. La verdad no es así, día a día tenemos que ir alimentando nuestro amor, y parte de ese alimento es nuestro cuidado personal; no se trata de estar al día con la moda, pero sí de cuidar nuestro aspecto físico. A los hombres les conviene mantener siempre un buen corte de cabello, si tiene barba mantenerla siempre bien limpiecita; las mujeres un bonito peinado, si no puede por lo económico, pues su cabello bien peinadito o recogido no se le mirara mal, un agradable perfume para ella, una colonia para él... Tome en cuenta que nuestro arreglo personal no es únicamente para agradar a la persona que amamos, también, esto es importante, para nosotros mismos sentirnos bien.

No estar pendiente de ella

Hay hombres que sin darse cuenta dejan de estar pendientes de su pareja. En algunos casos, los menos seguramente, puede haber motivos válidos como el trabajo o un carácter despistado. Sin embargo, la verdad es que hay hombres *pan sin sal*, como yo les digo. Es decir que por más que su esposa se arregle, ya sea por motivo especial o no, no son capases de decirle un *piropo*, una palabra de estímulo por lo bonita que se mira. Es bochornoso que en algunas ocasiones la esposa hasta se cambia el color de cabello y ellos ni cuenta se dan; es posible que esté estrenando un vestido y ellos, aunque saben que es un vestido nuevo, no son dignos de chulearla y decirle lo linda que se ve. La excusa que muchos hombres ponen y, en el peor de los casos la misma esposa acepta, es que los hombres son poco expresivos, que, aunque ellos noten esas cosas no se lo dicen a su pareja... Este es un gran error, le envías a tu pareja un mensaje de total indiferencia. Y cómo quieres que ella se sienta estimulada al final del día para entregarse en una hermosa noche de pasión, si tu comportamiento echa agua fría sobre el fuego... Haz un esfuerzo y muestra interés por tu esposa desde la mañana.

Por más que queramos ignorarlo tenemos que aceptar que el matrimonio requiere de esos pequeños enfoques de atención hacia nuestra pareja. Aunque en nuestro contorno hay muchas cosas que atender, no podemos pasar por alto estos pequeños detalles que siendo pequeños son de gran importancia para un matrimonio. Cada día se nos presentan momentos muy especiales en los cuales podemos expresar esa atención a nuestra pareja. Son pequeñas cosas que quizás nos parezcan irrelevantes, pero son esenciales dentro de un matrimonio.

Desde la mañana

En lo personal me gusta comenzar el día dándole un beso a mi esposa, y le digo, aunque reconozco que no todos los días, que soy muy afortunado al amanecer a su lado. Trato que ella pueda sentir lo importante que es para mí, me gusta decirle lo linda que se mira, lo bien que se ve vestida para su trabajo, si es de su agrado le preparo un cafecito, le ayudo con sus cosas y la acompaño a su carro para despedirla. No quiero verme como el esposo perfecto, pero sí trato de hacer mi luchita cada día, para que ella de una manera u otra pueda sentir cuánto la amo.

Cuando vuelve del trabajo

En algunas ocasiones corto rosas de nuestro jardín, las coloco en un pequeño florero y las pongo sobre la mesa de la cocina para que cuando ella entre las pueda ver. Tenemos cámaras de seguridad en nuestra casa y por las tardes, cuando se acerca el tiempo de su llegada, estoy pendiente de los monitores, aunque esté en mi oficina, y al ver que llega salgo a saludarla, le doy un abrazo muy fuerte luego un beso que la deje sintiendo cuanto la amo. Mientras ella está en la cocina me gusta acercármele, abrazarla, darle pequeños besos o le paso dando unas pequeñas nalgaditas mientras cocina.

Cuando se enferma

Uno de los momentos que solemos ignorar es cuando nuestra pareja se enferma. Los hombres por lo regular somos más chillones cuando nos enfermamos, y nos sentimos más delicados cuando nuestra esposa se preocupa por uno. Esto, por supuesto, es muy reconfortante, saber que cuando estás enfermo tu amada se preocupa lo suficiente para darte la atención que necesitas. Pero muchas veces no pasa de la misma forma cuando ella se enferma; pero esto tendría que ser reciproco, sin que importe si está muy enferma o solamente necesita descansar. El esposo debe estar pendiente de ella por si necesita algún medicamento, darle de beber o de comer, o hacer cualquier cosa para que ella se sienta confortada. Estoy más que seguro que estos cuidados amorosos pueden ayudar a sanar con más rapidez a tu cónyuge.

Pendiente del cumpleaños

Por más que cueste creerlo, es grande el número de esposos que olvida el cumpleaños de su esposa. Es posible que necesite recurrir a algunos recursos nemotécnicos, pero de lo que estoy seguro es que no debe dejar pasar el día sin felicitar a su esposa por su cumpleaños. En nuestro hogar tenemos la costumbre que a las doce de la media noche felicitamos al cumpleañero y oramos por él. En caso de mi esposa, una vez terminamos de orar por ella la abrazo y le digo muy cariñosamente ¡feliz cumpleaños, amor! Tampoco espere que su esposa le pregunte si lo recuerda o no, desde temprano sea usted quien demuestre que lo recuerda y haga que ella pase un día muy feliz; si puede llévele el desayuno a la cama. Otra de las cosas que acostumbramos es salir a comer en familia, y por supuesto el cumpleañero decide qué comer y a dónde ir. Pocas veces hemos salido a comer sólo los dos en su cumpleaños, pero también nos gusta incluir a nuestros hijos, ya que creemos que eso es una de las mejores formas de darles un ejemplo para cuando ellos se casen. Recuerde que algo que no tiene que faltar es cantarle su canción de cumpleaños y el pastel para compartir en familia.

Todo lo que nace tiene que morir, se dice frecuentemente, y basados en esa decir hay quienes opinan que con el pasar de los años se pierde el interés sexual por el cónyuge. En mi humilde opinión no comparto esa, ya que no creo que en un año o menos se acaba el deseo sexual. Y no lo creo con base, ya que al momento de escribir este libro estamos a punto de cumplir 33 años de casado con mi esposa y la sigo amando igual o más que cuando la conocí. Más bien creo que son las pequeñas cosas de las que escribí antes las que de una forma u otra van matando el amor, y terminan matándolo por completo cuando no se habla de tales problemas ni se les busca solución.

Lo que sí debemos de reconocer es que en muchas ocasiones invertimos más tiempo en otras cosas que en nuestro matrimonio. Y es que es muy natural que a lo largo del matrimonio surjan ciertos bajonazos y subidas en el deseo sexual, pero estos pueden surgir también por problemas de salud. El punto aquí no es que uno se aburra del otro, sino caer en la rutina, el estrés, el descuido personal, pero más que todo, los esposos deben entregarse sin reserva ni complejos, que la mujer sepa que con rollitos y estrías sigue siendo hermosa.

Quiero terminar recordándole que la madurez de una relación sexual no depende de cuánto tiempo un hombre pueda mantener una erección, ya que cada persona tiene su propia libido que lo hace sentir más o menos deseo de sexo, y eso en ciertos momentos de la vida aumenta o disminuye.

Por esa razón no podemos decir certeramente con qué frecuencia un matrimonio debe tener relaciones sexuales. En el libro *Matrimonio de 24 horas* aconsejo que por lo menos lo hagan tres veces por semana y que su duración sea por un espacio de una hora aproximadamente. Lo que importa es que los dos estén de acuerdo y satisfechos en el nivel de su vida sexual y con cuanta frecuencia lo harán. Si sería problema que uno de los dos se sienta insatisfecho o tenga más deseos que el otro, ya que podría pensar que le está haciendo falta más intimidad o que por alguna razón su esposa no está cumpliendo con su deber conyugal... Es un punto que también conviene conversar en pareja.

Capítulo 9

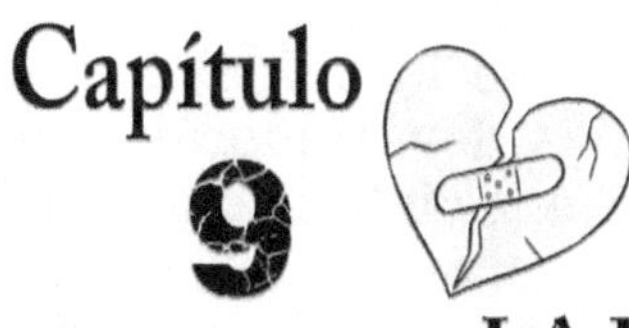

LA INFIDELIDAD

En este capítulo abordaré una de las causas que llevan a una pareja a pensar en el divorcio, es la catalogada como la principal causa de divorcio a nivel mundial: la infidelidad.

¿Qué es la infidelidad? La infidelidad, en el plano de las relaciones matrimoniales, es la ruptura de una promesa hecha frente a un ministro en el altar de permanecer juntos el uno al otro en una relación matrimonial. La infidelidad es nombrada en la Biblia como adulterio, es aquel acto en el cual un hombre o una mujer tienen relaciones sexuales con una persona distinta a aquella con quien están casados, «Los que traicionan a sus esposas esperan a que llegue la noche, pues creen que en la oscuridad nadie los verá con la otra mujer.» Job 24:15 TLA.

La infidelidad es, pues, desde el punto de vista de la religión cristiana, una ruptura de la promesa que se hace ante Dios al momento de contraer matrimonio. Esta relación comienza como una relación de pareja, noviazgo y esta promesa viene a terminar finalmente en unión matrimonial. La infidelidad es un abuso o mal uso de la confianza que se juraron el otro al otro un día en un altar comprometiéndose a que esa unión terminaría solo con la muerte.

Definitivamente sabemos que la infidelidad en un matrimonio tiene consecuencias devastadoras. Muchos han considerado que sufrir una infidelidad es muy similar a un dolor tan terrible como la misma muerte del cónyuge. Muchas parejas no tienen moralmente la capacidad de sobrevivir a una infidelidad y debido a esto el matrimonio termina de una forma extremadamente dolorosa; esto se agudiza aún más cuando ya existen hijos en el matrimonio. Algunos matrimonios tratan de salir adelante y sobreponerse a la infidelidad, refugiándose alguna vez en la esperanza de que las cosas pueden cambiar, pero no buscando en realidad y de manera activa la forma de solucionar los problemas, tanto el problema mismo de la infidelidad como el de las causas de la misma. A pesar del esfuerzo, esos matrimonios en realidad están a un paso de muerte. Pero, también hay matrimonios que no solamente sobreviven a la infidelidad, sino que con la ayuda de Dios pueden sobreponerse a las adversidades revivir la llama del amor y finalmente salvar su matrimonio.

Es duro reconocer que muchas veces la infidelidad no es culpa solamente de uno de los cónyuges, tanto los hombres como las mujeres vivimos la experiencia del pecado. El matrimonio sufre las consecuencias de estas experiencias, pero Jesucristo tiene el poder para ayudarnos a poder salir adelante... Para enfrentar una infidelidad tenemos que saber primero que la infidelidad no es una situación única y claramente definida, ya que lo que para algunos es considerado una infidelidad en la pareja, otros no lo miran de la misma forma. Algunos consideran que mientras no haya intimidad sexual no existe infidelidad.

Para poder enfrentar una infidelidad primero tenemos que conocer qué es la infidelidad, entender el mecanismo de la misma y entablar un diálogo con nuestro cónyuge. De esta manera y con absoluta honestidad, en la conversación pueden encontrar puntos que les brinden la posibilidad de sobreponerse al dolor de la infidelidad y forjar un matrimonio mejor.

La infidelidad siempre ha existido

La infidelidad no es algo que surgió de la noche a la mañana, la misma es un pecado que ha estado presente desde el inicio de los tiempos, prueba de ello es que la Biblia nos advierte de no caer en ella en los diez mandamientos, esto lo encontramos en Éxodo 20:14, *«No sean infieles en su matrimonio.», y más adelante lo vuelve a mencionar como para remarcar la gravedad de la infidelidad, «No se dejen dominar por el deseo de tener lo que otros tienen, ya sea su esposa, su sirviente, su sirvienta, su buey, su burro, o cualquiera de sus pertenencias»* Éxodo 20:14 TLA.

Dios, conociendo la naturaleza del pecado, así como nuestra debilidad, nos advierte (dos veces) de tener cuidado de las caídas que podemos tener en este aspecto, en acción y en pensamiento. Las dos son igual de fuertes, ambas causan el mismo dolor. Es importante tener esto en cuenta. Como matrimonio nosotros mismos tenemos que definir lo que constituye una infidelidad en el matrimonio, y analizar qué tan culpables somos de que haya ocurrido la infidelidad... ¿Por qué suceden las infidelidades? Tenemos muchos factores que pueden contribuir a la infidelidad, por este motivo miraremos una serie de causas que pueden llevarnos a cometer o padecer una infidelidad.

Usar el sexo como manipulación

Hay muchas mujeres que cometen el error de usar la sexualidad como arma contra su cónyuge (en menos ocasiones también lo hace el hombre). Es una situación que pocas veces es confesado por la pareja, pero en algún momento de su relación manipulan la sexualidad para conseguir mayor poder, para castigar o compensar a su pareja. Esta estrategia puede convertirse en un arma de doble filo y llevar su matrimonio al borde mismo de una separación. Cuando una mujer o un hombre condicionan al otro a una forma de vida pensando solamente en su propia satisfacción sexual, significa que en esta pareja ha desaparecido el amor.

Esta clase de manipulaciones se da por diferentes razones, algunas son de aspecto económico; por ejemplo, cuando un hombre es muy tacaño con su esposa ésta suele utilizar el sexo manipulado como un método para obtener un beneficio económico de su cónyuge. Recuerde el testimonio de la esposa que se vio en la necesidad de cobrarle al esposo por tener relaciones sexuales porque él no le daba el dinero necesario para los gastos del hogar... Ciertamente, aunque la comprendo no comparto esa actitud, más bien la considero como un acto de prostitución dentro del matrimonio que tarde o temprano los arrastrará a una separación o a un divorcio, ya que al no satisfacerse mutuamente la pareja se va distanciando al punto de separarse por completo.

Las escusas más comunes para que el cónyuge no se dé cuenta de esta manipulación es decirle al momento de querer tener sexo con la pareja, me duele la cabeza, estoy muy cansada(o) no me siento muy bien, tengo mucho sueño, o, disimular que duerme. Para los hombres esto puede ser muy frustrante máxime para aquellos que tienen una libido bastante alto. Es aquí donde el hombre en la mayoría de los casos comienza a ver a los lados y a buscar en la calle lo que no está recibiendo en su casa, pues ante esta insatisfacción sexual ven terminado su matrimonio.

Es muy importante aclarar que, si bien el sexo no es el principal pilar de un matrimonio, si es uno de los más relevantes dentro de esa relación. La falta de interés sexual hacia la pareja puede generar indiferencia, propiciando así una mayor facilidad para utilizar el chantaje, convirtiendo la sexualidad en un bochornoso y peligroso juego de premio y castigo, mediante la manipulación.

Mi esposo no quiere tener sexo, yo sí

En más de una ocasión me han preguntado con cuanta frecuencia es necesario hacer el amor para mantener encendida la llama de la pasión. Ya me referí muy brevemente a esto, pero veamos algunos aspectos más relacionados con el tema de este apartado... Hay hombre que pierden el interés de estar en la intimidad con su pareja mientras ella desea tener una relación sexual. Pero resulta en muchos casos que la falta de deseo sexual en el esposo tiene su origen en la esposa (porque en algún momento manipuló su sexualidad, porque ha descuidado su persona, etcétera). Pero en un matrimonio sano y armonioso no existe una determinada cantidad de veces por día, semana o mes de manera específica. Lo más apropiado es tener relaciones sexuales todas las veces que a ti y a tu cónyuge los haga felices. Cualquier estadística sobre la frecuencia de encuentros sexuales dentro del matrimonio es imprecisa. Pues va a depender de lo que satisface a cada persona.

Muchas mujeres expresan inconformidad porque su esposo no quiere tener relaciones sexuales, pero ella sí, e igual acontece con los esposos. Lo cierto es que el bajo deseo sexual se convierte en una dificultad dentro del matrimonio cuando uno de los cónyuges no se encuentra satisfecho sexualmente dentro de la relación. Por esta razón, es importante llegar a acuerdos sobre nuestra sexualidad, hablar las inconformidades y tratar de encontrar una solución lo más pronto posible para que no se fracture la relación. En el matrimonio es muy importante hablar lo que le gusta o no a una pareja. Por ejemplo, es posible que el hombre quiera hacer algo fuera de lo normal con su pareja y esta se niega constantemente; es un momento para buscar acuerdos juntos sobre cómo llevar su vida sexual.

Lo innegable es que la falta de relaciones sexuales en un matrimonio genera tensiones difíciles de resolver. Pero los hombres también debemos de estar conscientes de entender que hay algunas razones por las cuales la mujer pierde el apetito en el sexo, esto puede ocurrir desde falta de interés, monotonía, problemas de tiempo y espacio hasta estrés o cambio físicos. Hay mujeres que una vez terminaron su función de procrear, se enfocan más en los hijos; cuando esto ocurre, de manera inconsciente muchas mujeres descuidan por completo a sus esposos. En estos casos es un tanto difícil dilucidar de quien es la responsabilidad por la falta de interés en el sexo... Por lo regular, los hombres no comprenden aquellos cambios en la mujer, pero, además, cuando los hombres son quienes han perdido el interés por su pareja tienden a buscar excusas externas, ya sea atribuyéndolo al estrés, al trabajo o, finalmente, a su esposa. Las mujeres, al contrario, son más propensas a buscar causas internas, ya sea culpándose a sí mismas o culpando a su descuido personal. Otros factores también pudieran ser el paso del tiempo; esto no quiere decir que sus motivos sean biológicos, sino que la pareja deja de ser hormonal para convertirse en una relación social.

Muy importante que entender es que las actitudes o las acciones de los matrimonios no se corrigen con sexo, sino hablando con la intención de evitar distanciamientos o insatisfacciones; es decir, hablen de lo que está fallando o que se ha hecho mal. Hay que trabajar la relación de pareja en el día a día, no puede darse todo por ganado, sino que hay que seguir conquistando al otro diariamente y mantener viva la llama del amor, no importando el tiempo que tengamos viviendo juntos.

La pornografía

Hablar de la pornografía en el ámbito cristiano siempre ha sido un tabú, sin embargo, es algo que últimamente está siendo más recurrente en muchos cristianos, producto de la insatisfacción sexual dentro de su relación matrimonial. Para nadie es un secreto que la pornografía existe desde la antigüedad. Siempre ha tenido un espacio dentro la sociedad, sobre todo en los hombres jóvenes, por lo general solteros, y aunque siempre se ha mantenido con mucha reserva y con la tendencia a ir desapareciendo en la medida en que se alcanza mayor madurez y se adquieren mayores responsabilidades ante la vida como trabajar, pensar en casarse y lógicamente formar una familia. Pero la verdad actual es que la pornografía está afectando directamente a muchos matrimonios cristianos, debido en gran parte a los diferentes problemas antes mencionados que impiden una relación sexual placentera.

No podemos negar, sin embargo, que estamos viviendo una nueva realidad en la que ya la edad o el estado civil de las personas, no importan. La pornografía está cada día más al alcance de cualquier persona, la internet y las redes sociales han venido a facilitar el acceso y ofrecido anonimato a un costo relativamente bajo (en muchas ocasiones hasta gratis) para todo aquel que lo solicite. Se cree que más de la mitad de los hombres y un tercio aproximado de las mujeres ven pornografía de una forma regular. Esto es el producto de un empobrecimiento en la calidad de las relaciones conyugales donde la pornografía ha llegado a niveles alarmantes y ha sustituido de manera indirecta las actividades sexuales dentro del matrimonio. Estudios demuestran que las parejas que regularmente ven pornografía tienen el doble de probabilidades de terminar divorciadas que las que no la usan.

Quiero decir también que no abordar el tema de la sexualidad y otros similares es de los mayores problemas que debemos enfrentar dentro de la iglesia. Si uno como predicador o consejero familiar trata de tocar un tema tan natural como el de las actividades sexuales, pegan el grito en el cielo. Es ridículo porque Dios mismo lo toma en cuenta; al crear al hombre y la mujer la primera ordenanza que Dios les da es que tengan relaciones sexuales, *«y les dio su bendición: Tengan muchos, muchos hijos; llenen el mundo y gobiérnenlo; dominen a los peces y a las aves, y a todos los animales que se arrastran.»* Génesis 1:28 DHH... Algún *espiritual* quizás pretenda corregirme argumentando que en el pasaje bíblico no dice sexo, pero yo no veo de que otra forma se pueden tener hijos naturalmente.

La pornografía ha ganado terreno en muchos hogares cristianos por la falta de atención sexual entre la pareja. No importa cuál sea la excusa que se ponga, lo que parece cierto es que quien no recibe comida en su casa tendrá que ir a buscarla a la calle, ¿pero en verdad tiene que ser así? De ninguna manera, pero es la forma como Satanás está destruyendo los hogares cristianos y, en suma, a la misma iglesia, ya que hoy en día la infidelidad dentro de los matrimonios cristianos se ha disparado grandemente.

Otra conflictividad de la pornografía que muchos todavía no han entendido es que la pornografía es una actividad que fácilmente puede salirse de control. Principalmente en los hombres, por su natural predisposición hormonal a tomar la iniciativa sexual. Estudios comprueban que este hábito puede volverse adictivo, tal como sucede con los videojuegos, con el licor, las drogas o los juegos de azar, activando los mismos centros cerebrales y provocando en muchos casos daños irreversibles.

En un caso específico de esta índole que atendí en un matrimonio cristiano, la esposa no podía entender cómo era posible que su esposo sintiera mayor placer viendo algo irreal (porque eso es en realidad) en unos videos que estando con ella. Tiene toda la razón. Pero está también el problema de que muchas mujeres no entienden que, a veces, con su negativa a tener relaciones con su cónyuge o la manipulación de su sexualidad, empujan a su esposo a caer en este vicio infernal que carcome las bases de un matrimonio. Dicho lo anterior quiero contestar la inquietud de la hermana arriba mencionada.

¿Por qué muchos hombres sienten mayor placer sexual viendo pornografía que estando con su propia esposa? Cuando un hombre comienza a ver pornografía por lógica existe una erección casi instantánea, por los motivos visuales y explícitos que mira, en cambio muchas mujeres para tener una relación con su propio esposo le exigen que apague la luz, y al no existir el acto visual la erección es más demora, más si uno de los dos es muy pasivo o no han aprendido a preparar el ambiente antes de estar en la intimidad. Muchas parejas tienen relaciones sexuales y lo menos que se oyen durante el acto son sonidos de estímulo, de pasión. Además, el hombre tiende a sentir mayor placer sexual al ver pornografía porque le garantiza un orgasmo seguro por varias razones; una, que está viendo algo que le causa una erección, le da placer y cuando se masturba (ya que esto es el propósito final de subyacente en la pornografía) con su mano ejerce una presión en su pene que muchas veces no encuentra en una relación con su esposa, menos aún, cuando ésta lo apresura no permitiéndole llegar al clímax de la relación sexual. Por estas razones son cada día más los hombres que recurren a la pornografía cayendo en una dependencia total y dedicándole gran parte de su tiempo y economía. Esta adicción lo lleva a la búsqueda de más variedad, más intensidad y más agresividad, lo que lo aleja de su cónyuge a quien ve cada vez menos atractiva y deseable, ya que ella no puede competir con la falsa ilusión de estar siempre lista y dispuesta a complacerlo en un par de minutos.

Muchos creen que la pornografía no puede ser catalogada como una infidelidad, ya que no existe una relación sexual física con nadie, mas dice la biblia, *«Pero yo digo que el que mira con pasión sexual a una mujer ya ha cometido adulterio con ella en el corazón.»* Mateo 5:28 NTV. Lo que muchos hombres no han entendido es que este pecado daña directamente la autoestima de su esposa ocasionando que su apetito sexual disminuya, y la vida de pareja en general vaya desconectándose y destruyéndose progresivamente hasta terminar en el divorcio.

Además de la pornografía hay muchos factores más que pueden llevar a uno de los cónyuges, si no a los dos, a cometer una infidelidad, pero, considero que en cada uno de los capítulos de este libro le he proporcionado factores que si los ponemos en práctica pueden evitar que aquella surja en nuestros matrimonios. Ahora bien, sería muy irresponsable de mi parte hablarle de pornografía y no proporcionarle la información que humildemente creo puede ayudarle a salir de ella si por algún motivo, usted individualmente o como matrimonio han caído en la pornografía.

Algunos cristianos aseguran según su propio criterio que la pornografía no es un pecado ya que la Biblia no habla en ninguna parte directamente de ella. En cierto modo esto es verdad, pero pudimos ver en el versículo arriba mencionado que dice que si miramos a una mujer con el deseo de tener relaciones sexuales con ella ya hemos cometido pecado, y al ver pornografía lo hacemos con ese deseo; piense que tampoco encontramos en la Biblia que fumar es algo dañino para nuestro cuerpo, templo del Espíritu de Dios, y sin embargo como cristianos no vemos bien esa práctica, por eso Pablo dice, «*Algunos de ustedes dicen: Soy libre de hacer lo que yo quiera. ¡Claro que sí! Pero no todo lo que uno quiere, conviene; por eso no permito que nada me domine.*» 1 Corintios 6:12 TLA.

Reconozca que la pornografía es real

No podemos ignorar que hoy en día la pornografía es lo más buscado en internet, ya sea gratuita o pagando por ella. La pornografía prolifera en el mundo de hoy a través de las redes sociales. Satanás ha tenido éxito torciendo y pervirtiendo el sexo. Muchos son los cristianos tanto solteros como casados que han sucumbido en ella. La pornografía es el primer paso que un cristiano da para caer en una inmoralidad sexual y poner en riesgo su matrimonio cuando es casado. Pese a esa realidad, como antes expresé, algunos buscan una justificación a esa adicción y consideran que la pornografía no es pecado pues no existe una relación física con nadie, pero le mostramos con Mateo 5:28 que sí es una infidelidad... Y no sólo eso.

La pornografía hasta cierto punto te da la oportunidad de que experimentes las tres principales categorías del pecado, *«Porque todo lo que hay en el mundo, los deseos de la carne, los deseos de los ojos, y la vanagloria de la vida, no proviene del Padre, sino del mundo.»* 1 Juan 2:16. RV.

La pornografía definitivamente nos lleva a codiciar las cosas de la carne, e indudablemente es lascivia para nuestros ojos. Reconozca que la pornografía es una adicción, ya que en términos médicos activa en el cerebro dos sustancias, dopamina y oxitocina, que en cantidades incluso muy pequeñas provocan adicción, la cual impide que por voluntad propia dejes lo que te la provoca. Por lo regular las personas que más ven pornografía son aquellas que tienen una baja autoestima, que no tienen una vida social activa o que tienen problemas en sus relaciones sexuales con su cónyuge. Para más, la pornografía tiene la particularidad de que te impulsa a intentar repetir lo que has visto, o al menos a desearlo cayendo así en la adicción.

Busque ayuda

La pena de confesarle a otros nuestros defectos impide que podamos superarlos. Es importante buscar ayuda con personas idóneas que le puedan ayudar a uno y no con quienes lo único que hacen es condenarlo. Uno los pensamientos más equivocados de los cristianos es creer que una vez aceptamos a Cristo ya somos santos, sin más posibilidades de pecar, cuando en realidad no es así. Aunque la Biblia nos llama santos, en la práctica de nuestras vidas no lo somos, aunque sí podemos dejarnos transformar por Dios. Hay que tener vergüenza de nuestro pecado. La santidad implica descubrir que Dios es más grande que nuestro pecado. No se crea súper espiritual creyendo que no necesitamos ayuda de nadie, Pablo mismo nos dice, *«Hermanos, no digo que yo mismo ya lo haya alcanzado; lo que sí hago es olvidarme de lo que queda atrás y esforzarme por alcanzar lo que está delante, para llegar a la meta y ganar el premio celestial que Dios nos llama a recibir por medio de Cristo Jesús.»* Filipenses 3:13-14 HDD.

Es triste que algunos hermanos que buscan ayuda para poder dejar la pornografía, son condenados por personas o ministros que en algunas ocasiones usan una doble moral de condenación por este hecho. Doble moral porque muchas de esas personas, pastores incluidos, en secreto recurren a la pornografía. Es alarmante ver que hoy en día la pornografía ha entrado en muchas iglesias, saber que muchos pastores, líderes de ministerios luchan o han luchado contra la pornografía, e incluso ver como los líderes más jóvenes son también los más propensos a caer en esa adicción... Muchos son los cristianos que admiten haber visto pornografía, aunque sea por curiosidad, en algún momento de su vida, y que posteriormente han tenido que luchar una gran batalla para poder dejarla, ya que pronto se dan cuenta que no solamente dañan su vida espiritual, sino que es causa de daño irreparable en sus matrimonios.

Como ministros somos llamados a ayudar en todo lo que podamos a nuestros hermanos en cristo y una forma es ayudarles a que aprendan a odiar la pornografía; debemos motivarlos a pensar y repensar detenidamente en las terribles consecuencias que la pornografía tiene en sus vidas: depresión, aislamiento social, relaciones dañadas y otros efectos más, igual de dañinos o peores. Además, debemos tener claro que al ver pornografía ofendemos directamente a Dios y nos alejamos completamente de Él. La clave para poder dejar la pornografía es leer más la Biblia, ella nos puede ayudar a amar lo que es bueno. Cuanto más la leemos, más profundo llega a ser nuestro amor por sus normas morales. Este amor nos ayudará a adoptar una postura firme contra la pornografía.

Concluyo ente capitulo enfatizándote que la pornografía es una adicción muy difícil de dejar una vez cae uno en ella; muchos son los que intentan dejarla, pero lamentablemente no lo logran. El tratamiento psicológico es muy lento y de largo plazo, pero tienes más probabilidades de éxito cuando más temprano buscas ayuda y sobre todo esa ayuda la buscas en Dios.

Capítulo 10

EL DIVORCIO ANTE LA IGLESIA

Mientras me preparaba para escribir este capítulo me quedó completamente claro que un buen grupo de hermanos, así como de pastores estarán de acuerdo conmigo con respecto a este punto; pero, que también hay otros que no estarán en nada de acuerdo. Considero que tanto como los primeros, igualmente los postreros tienen razón en tener un punto de vista con referencia al divorcio. No tengo la menor duda que el tema del divorcio es una de las áreas más controversiales dentro de la iglesia cristiana. Tampoco dudo de que en el texto la Biblia encontramos normas o instrucciones que si se establecen o se tienen en cuenta al proyectar una acción o un plan se puede afrontar de manera honesta y directa esta conflictividad. Cuando nuestro Dios formó la primera pareja en el Huerto del Edén nunca estuvo en su mente que fuera solamente una relación por un corto tiempo; de hecho, el Señor Jesucristo mismo lo enfatizó cuando unos fariseos lo tentaron con este tema, *«De esta manera, los que se casan ya no viven como dos personas separadas, sino como si fueran una sola. Por tanto, si Dios ha unido a un hombre y a una mujer, nadie debe separarlos.»* Mateo 19:6 TLA.

Definitivamente, las escrituras nos brindan pautas para conducirnos día a día en el camino trazado por la voluntad de nuestro Dios, y para que tengamos confianza en que, cuando nosotros humanamente hablando no podemos hacer algo, es cuando sólo nos queda que Dios tomé control de nuestro problema y Él haga el resto en nuestras vidas. Dios formó la unión de Adán y Eva, por un lado, para el desarrollo de la creación: *«Quiero que se reproduzcan, quiero que se multipliquen, quiero que llenen la tierra y la pongan bajo su dominio.»* Génesis 1:28 TLA. Pero aquel hecho también fue como un símbolo de la unión entre Cristo con Su iglesia. Para Dios el matrimonio es algo muy sagrado y Él está completamente en contra del divorcio ya que este no representa la razón por la cual diseñó el matrimonio. Como ministros del evangelio tenemos que entender que nos estamos enfrentando con un mundo completamente caído en el pecado, que nuestros matrimonios están siendo día a día atacados por diferentes medios con el propósito de destruir la obra de nuestro Dios. Por esta razón, cuando Cristo habló del divorcio, habló de que había una razón a la cual muchos ministros han llamado una cláusula de excepción, bajo la cual se podría aceptar un divorcio, y es por el caso de adulterio.

«También hace mucho tiempo Moisés dijo: "Si alguno ya no quiere vivir casado con su mujer, dele un certificado de divorcio". Pero ahora yo les digo que el hombre sólo puede divorciarse si su esposa tiene relaciones sexuales con otro hombre. Si se divorcia de su esposa por otra razón, la pone en peligro de cometer ese mismo pecado. Si esa mujer vuelve a casarse, tanto ella como su nuevo esposo serán culpables de adulterio.» Mateo 5:31-32 TLA.

Este versículo lo desglosaremos más adelante... El adulterio quebranta significativamente el pacto de fidelidad en una pareja y, de la misma forma, la representación de la unión de Cristo con Su iglesia. Ahora, nosotros como ministros que vemos como está el mundo de perdido y las diferentes pruebas que los matrimonios están enfrentando, podríamos considerar una concesión, mas no así una ordenanza, bajo la cual el divorcio se pueda otorgar dentro de la iglesia.

Antes que comiencen las condenas por lo que acabo de decir permítanme decirles que, como ministro y consejero familiar, lo que menos que quiero es ver que un matrimonio toma la decisión de divorciarse; pero, en el versículo antes leído, da la facultad de una separación por el acto mismo del adulterio. Por supuesto, no quiere decir que si descubro que mi esposa me fue infiel tengo el permiso directamente de Dios para divorciarme; eso no es el sentir ni el deseo de Dios. Lo que sucede es que Dios perdonó a Israel vez tras vez.   Y otro gran ejemplo del perdón lo encontramos en el libro de Juan,

> *«le dijeron: Maestro, esta mujer ha sido sorprendida en el acto mismo de adulterio. Y en la ley nos mandó Moisés apedrear a tales mujeres. Tú, pues, ¿qué dices? [...] Y como insistieran en preguntarle, se enderezó y les dijo: El que de vosotros esté sin pecado sea el primero en arrojar la piedra contra ella. Pero ellos, al oír esto, acusados por su conciencia, salían uno a uno, comenzando desde los más viejos hasta los postreros; y quedó sólo Jesús, y la mujer que estaba en medio. Enderezándose Jesús, y no viendo a nadie sino a la mujer, le dijo: Mujer, ¿dónde están los que te acusaban? ¿Ninguno te condenó? Ella dijo: Ninguno, Señor. Entonces Jesús le dijo: Ni yo te condeno; vete, y no peques más.»* Juan 8:4-5,7, 9-11 RV.

Este bello pasaje bíblico nos muestra que, a pesar de haber ocurrido una infidelidad dentro del matrimonio, debe de existir un proceso intenso de reconciliación con una consejería pastoral donde se pueda evaluar la veracidad del arrepentimiento de aquel que cometió la falta. Nuestro deseo como ministros es que el matrimonio se reconcilie y viva dentro del perdón que el Evangelio otorga. De esto se trata el Evangelio de Cristo, de una verdadera reconciliación entre el hombre y Dios y luego entre el cuerpo de Cristo. Lamentablemente, en muchos casos, es muy triste ver que alguno de los cónyuges no está verdaderamente arrepentido y prosigue con su pecado, no muestra en momento alguno ninguna evidencia de arrepentimiento por sus acciones; en casos como estos, consideramos que la Biblia da esa libertad para pensar en un divorcio al ver la negatividad de uno de los cónyuges.

Muchas almas se están perdiendo por la falta de misericordia y perdón dentro de nuestras iglesias. La iglesia fue establecida para ser luz en medio de las tinieblas, para ayudar al necesitado; vimos claramente como Jesús le preguntó a la mujer que fue sorprendida en el acto mismo del adulterio, «¿Ninguno te condenó?» Y ante la respuesta de ella le dijo: «Ni yo te condeno; vete, y no peques más». Hoy es todo lo contrario, la iglesia se considera con toda la autoridad para condenar a cualquiera, olvidan los pastores, líderes y feligreses que ellos mismo un día pueden estar en las mismas o peores condiciones. Por tal motivo es que el apóstol Pablo nos exhorta a ser misericordiosos con nuestros hermanos, *«Amados hermanos, si otro creyente está dominado por algún pecado, ustedes, que son espirituales, deberían ayudarlo a volver al camino recto con ternura y humildad. Y tengan mucho cuidado de no caer ustedes en la misma tentación.»* Gálatas 6:1 NTV.

Cuando nos casamos todos queremos que las palabras del ministro, «hasta que la muerte los separe», sea una realidad en nuestras vidas, estamos completamente enamorados, pensamos que todo será color de rosas, pero la realidad en muchos casos no es así. Cuando tenemos la bendición de tener un matrimonio feliz, sin problemas, en armonía, inconscientemente nos sentimos con la libertad de condenar a otros o señalarlos por sus errores; en muchas iglesias no tenemos espacio para una persona divorciada, lo condenamos sin saber a ciencia cierta de quien fue la culpa de su separación. Muchas almas, tanto hombres como mujeres, andan errantes buscando un aliciente para sus vidas pues cargan el peso de un divorcio sobre sus hombros, y cuando encuentran una iglesia donde congregarse buscando el amor incondicional de nuestro Dios, tienen que vivir bajo el abrigo de la mentira, ocultando su divorcio, porque si se enteran de su estado al interior de la iglesia comienza el rechazo y el aislamiento, como si aquella persona tuviese una enfermedad contagiosa, dejando a un lado el consejo del apóstol Pablo, «ustedes, que son espirituales, deberían ayudarlo a volver al camino recto con ternura y humildad».
Expondré una serie de razones por las cuales un matrimonio puede terminar en divorcio. No pretendo justificar el divorcio, pero tampoco tomo posición contra él, lo que pretendo es que como iglesia consideremos que cada matrimonio es diferente y que cada uno podría enfrentar distintas circunstancias que sólo aquel que las vive las puede entender.

¿Me puedo divorciar?

Estas es una pregunta que frecuentemente escucho en las sesiones de consejería familiar y en las llamadas telefónicas de quienes buscan un consejo referente a la aprobación de una separación con su cónyuge. Es triste que muchos esperen escuchar de un ministro esta aprobación antes de ver lo que Dios nos dice. Considero que dar una respuesta sin medir las consecuencias de lo que ésta producirá en la vida de un matrimonio es muy irresponsable de nuestra parte; como ministros del evangelio nuestra responsabilidad es siempre evitar por todos los medios que surja una separación en un matrimonio. De antemano sabemos que el matrimonio fue instituido primeramente en el Jardín del Edén por nuestro Dios. Esta fue una unión monógama, física, emocional y espiritual entre un hombre y una mujer. Este fue desde el principio el plan divino de Dios, *«Por eso el hombre deja a su padre y a su madre para unirse a su esposa, y los dos llegan a ser como una sola persona.»* Génesis 2:24 DHH.

Debo decirle al lector que este libro no pretende ser un manual infalible para apoyar o no una decisión de divorcio, sino un referente para buscar la perfecta voluntad de Dios a los diferentes problemas que enfrentamos en nuestro matrimonio, y así tomar una decisión poniéndolo primeramente en las manos de Dios.

El versículo citado anteriormente nos muestra que desde el principio podemos ver que la disolución del matrimonio no estaba contemplada ni permitida en los planes de Dios. Ahora bien, en la Biblia sí vemos que el divorcio es mencionado. Es por eso que es importante explicar bien la razón por la que este tema era muy delicado para Moisés y Jesús, y así reafirmar la posición de Dios sobre el mismo. Moisés en el Antiguo Testamento hace referencia a la libertad que el hombre tenía para darle carta de divorcio a la esposa, *«Cuando alguno tomare mujer y se casare con ella, si no le agradare por haber hallado en ella alguna cosa indecente, le escribirá carta de divorcio, y se la entregará en su mano, y la despedirá de su casa. Y salida de su casa, podrá ir y casarse con otro hombre.»* Deuteronomio 24:1-2 RV.

Este versículo podría ser usado para que cualquiera se sienta con completa libertad para darle carta de divorcio a su esposa, pues encontramos que Moisés concedió ese derecho a los hombres si encontraban algo indecente en sus esposas. No está muy claro todo lo que la palabra indecente implicaba, porque podían ser desde faltas mayores o menores como que la esposa quemara la comida. La ley decía claramente que, si la mujer era encontrada en adulterio, la sentencia era apedrearla hasta la muerta. Así que creemos que lo indecente se refería a otro tipo de faltas que no incluían el adulterio. Pero lo indecente podría ser también mentirle al marido antes de casarse, decirle que era virgen y no serlo.

> *«Si un hombre toma a una mujer por esposa, y después de unirse a ella le pierde cariño y, alegando que ella le ha faltado, le crea mala fama diciendo: "Yo me casé con esta mujer, pero en nuestras relaciones me encontré con que ya no era virgen", entonces los padres de la joven tomarán la prueba de su virginidad y la presentarán al tribunal de los ancianos de la ciudad, y el padre de la joven dirá a los ancianos: "Yo di mi hija por esposa a este hombre, pero ahora él ha dejado de quererla y la acusa de haberle faltado, alegando que mi hija ya no era virgen. Sin embargo, aquí está la prueba de que sí lo era." Y diciendo esto, extenderá la sábana delante de los ancianos.»* Deuteronomio 22:13-17 DHH.

No olvidemos que todas estas reglas estaban dentro de la ley lo cual no solamente lo hace complicado para nuestros días, sino que en conclusión eran también específicamente para el pueblo de Israel, lo cual podría ser usado quizás para algunos como una excusa para no apegarse completamente a ellas.

La triste verdad es que hay mujeres que mienten sobre este asunto, dicen ser vírgenes y no lo son; cuando esto ocurre ella quebranta directamente la estructura matrimonial y da paso al divorcio. Mas, de lo que sí podemos estar completamente seguros, es que Dios odia y aborrece el divorcio.

> *«¿No te hizo uno el Señor con tu esposa? En cuerpo y espíritu ustedes son de él. ¿Y qué es lo que él quiere? De esa unión quiere hijos que vivan para Dios. Por eso, guarda tu corazón y permanece fiel a la esposa de tu juventud. ¡Pues yo odio el divorcio! Dice el Señor, Dios de Israel. Divorciarte de tu esposa es abrumarla de crueldad dice el Señor de los Ejércitos Celestiales. Por eso guarda tu corazón; y no le seas infiel a tu esposa.»*
> Malaquías 2:15-16 NTV.

No nos cabe la menor duda que aquí Dios está siendo muy enfático en que Él odia, aborrece y detesta el divorcio. La institución sagrada del matrimonio no fue establecida con la idea de que la misma terminara en divorcio. El divorcio vino como consecuencia del pecado y de la maldad del hombre. Esta fue la verdadera razón por la cual Moisés se vio obligado a permitir dar carta de divorcio. Jesús mismo tuvo que aclararles esto a los fariseos que llegaron tentándole. Los fariseos le preguntan si era lícito o correcto el dar carta de divorcio a la esposa por cualquier cosa. Y lo que vemos en esa duda es nada más que la interpretación hecha por los fariseos de las palabras de Moisés con respecto a dar carta de divorcio. Pero Jesús les aclara la posición de Dios sobre el matrimonio. Él corrige a los fariseos y explica que Moisés se vio obligado a dar cartas de divorcio por la dureza del corazón de ellos, no porque fuera este el deseo de Dios.

Entonces, Jesús da como única razón válida para el divorcio la inmoralidad sexual, la cual abarcaba una amplia gama de pecados sexuales.

Durante mis años como consejero matrimonial son muchos los matrimonios que Dios me ha permitido restaurar, esto me da la fuerza para decirte que antes que tomes la decisión de pensar en divorciarte piensa en las diferentes opciones que puedes tener; no vengas a formar parte de los muchos que han sufrido los estragos de un divorcio, no estás condenado a repetirlo. Es posible que estés atravesando por momentos muy difíciles en tu matrimonio, pero considera también los efectos y el costo que tendría un divorcio, nada menos que tirar todo lo que por años han trabajado con tu pareja. Sí pueden estar atravesando una situación muy difícil, posiblemente estén considerando que ya no pueden seguir más. Sin embargo, no pueden olvidar que un divorcio siempre es muy doloroso y que en muchas ocasiones son terceras personas la cuales salen más afectadas, me refiero directamente a nuestros hijos.

Entiendo que cada matrimonio es diferente, como son diferentes los problemas que enfrentan, por eso les recomiendo siempre no buscar una solución ustedes solos, pongan cada dificultad matrimonial en las manos de Dios y busquen una consejería matrimonial antes de tomar cualquier decisión. Sé que uno de los problemas más fuertes y delicados que se pueden enfrentar es la infidelidad, pero creo que la gracia y misericordia de Dios nos pueden ayudar a buscar una reconciliación y restaurar nuestro matrimonio, no lo olvides. ¡No se rindan! Recuerden esto siempre: *«En medio de todos nuestros problemas, estamos seguros de que Jesucristo, quien nos amó, nos dará la victoria total.»* Romanos 8:37 TLA.

Quiero terminar este segmento con un pasaje bíblico propicio para reflexionar sobre el tema que hemos venido desarrollando.

> *«Algunos fariseos se acercaron a Jesús y, para tenderle una trampa, le preguntaron: ¿Le está permitido a uno divorciarse de su esposa por un motivo cualquiera? Jesús les contestó: ¿No han leído ustedes en la Escritura que el que los creó en el principio, "hombre y mujer los creó"? Y dijo: "Por eso, el hombre dejará a su padre y a su madre para unirse a su esposa, y los dos serán como una sola persona."*
> *Así que ya no son dos, sino uno solo. De modo que el hombre no debe separar lo que Dios ha unido."»* Mateo 19:3-6 DHH.

¿Me puedo volver a casar?

Una vez más enfrentamos una pregunta difícil de responder y se vuelve más difícil, no porque no tengamos una base bíblica para dar una respuesta, sino, porque muchos de nosotros al escuchar esta pregunta automáticamente nos volvemos jueces y en vez de ayudar destruimos con nuestras críticas y prejuicios. Y es que, como referí antes, cuando uno está bien en el matrimonio condena todos los errores cometidos en el mismo por otras parejas, pero cuando esto nos pasa a nosotros, allí sí…, rápido buscamos una excusa para justificarnos delante de los hombres y de Dios. ¿Quién soy yo para decirle a una persona que no tiene derecho de divorciarse o de volver a casarse? No olvidemos que cada matrimonio enfrenta sus propios conflictos y si tomo una posición radical sobre estas interrogantes, puedo ser injusto como ministro o como consejero matrimonial y caer en el fariseísmo. Jesús dijo: *«Atan cargas tan pesadas que es imposible soportarlas, y las echan sobre los hombros de los demás, mientras que ellos mismos no quieren tocarlas ni siquiera con un dedo.»* Mateo 23:4 DHH.

Es muy fácil citar un par de versículos y forzar a un hermano(a) a quedarse solo o enfatizarle de una forma lapidaria que es permitido el casamiento de personas divorciadas solamente bajo ciertas circunstancias. Y ésta sería si después del divorcio o durante estén casados uno de los cónyuges se muere, el que quede puede casarse de nuevo, la muerte siempre disuelve el matrimonio. *«Por ejemplo, la ley dice que la mujer casada será esposa de su marido sólo mientras él viva. Pero si su esposo muere, ella quedará libre de la ley que la unía a su esposo.»* Romanos 7:2 TLA. Dicho de otra forma, uno tiene que morir para que el otro pueda casarse, y aun así no es lo más recomendable.

«La casada está unida a su esposo mientras el esposo vive. Pero si el esposo muere, ella queda en libertad de casarse con cualquier hombre, con tal de que sea cristiano.» 1 Corintios 7:39 TLA.

«Sin embargo, creo que sería más feliz si no volviera a casarse. Me permito opinar, pues creo que yo también tengo el Espíritu de Dios.» 1 Corintios 7:40 TLA.

Es muy fácil también decirle a un divorciado, sin pensarlo mucho, que no se case, y es fácil porque no somos nosotros los que estamos en tal situación. Dios mismo enfatizó, no me canso de repetirlo, que no era bueno que el hombre estuviera solo y el apóstol Pablo también hace esta referencia: *«Yo preferiría que tanto los solteros como las viudas se quedaran sin casarse como yo; pero a cada uno Dios le ha dado capacidades distintas, a unos de una clase y a otros de otra. Pero si no pueden dominar sus deseos sexuales, es mejor que se casen. Como dice el dicho: "Vale más casarse que quemarse".»* 1 Corintios 7:8-9 TLA.

Ya expresé que no pretendo con este libro fijar un precedente o norma eclesiástica para definir si es aceptable o no el divorcio y la posibilidad de volver a casarse. Pero sí es mi oración que le ayude a tomar una decisión si su matrimonio atraviesa alguna crisis, ¡Dios no lo permita! Por muchos años a través de la consejería matrimonial hemos podido ver como Dios ha obrado de una forma muy especial en muchos matrimonios, restaurándolos completamente aun cuando algunos de ellos ya habían tomado la decisión de separarse. Pero tengo que ser sincero y decirles que, en otros casos, por más esfuerzo que hicimos fue imposible el matrimonio se mantuviera... Como ministros, ¿qué podemos hacer en estos casos? En realidad, nada. Sólo nos queda poner a cada uno de estos cónyuges en las manos de Dios y pedirle a Él que los guie para tomar una decisión conforme a la palabra de Dios.

Es muy difícil y delicado poder tener la certeza de decirle a un divorciado si puede casarse de nuevo o no, sobre todo cuando la iglesia de antemano ya ha dictado su sentencia. Una sentencia de condenación, rechazo y aislamiento espiritual de esa persona dentro de la iglesia. A muchos no les permiten ejercer un ministerio con el pretexto que se volvieron a casar, por esta razón los mantienen sentados, inactivos dentro de la iglesia; no les permiten servir, pero sí les permiten dar el diezmo, eso sí reciben bien los ministros... Yo me pregunto con qué autoridad tomamos nosotros esa libertad de condenar al divorciado que quiere volver a casarse; muchos me dirán que la biblia nos respalda con esa decisión y tienen razón, pero en Juan 8:10-11, que ya he citado, Cristo mismo nos da una pauta para que nosotros usemos misericordia con aquellos que están atravesando una situación difícil en sus vidas, y en vez de condenarlos a la primera dejemos que sea nuestro Dios el que se encargue a la postre de ser el que tome esa decisión.

Como conclusión de este apartado quiero reflexionar un poco con mis lectores... Conté que durante nuestro ministerio como consejero matrimonial hemos visto como Dios ha restaurado muchos matrimonios pero a otros no y algunos de estos cónyuges tomaron la decisión de volverse a casar... Conozco a algunos de ellos que hoy en día son pastores o ejercen un ministerio dentro de la iglesia, otros simplemente se mantienen adorando al Señor dentro de una congregación, pero mi punto de reflexión parte de lo siguiente: esos matrimonios hoy en día son excelentes, un vivo ejemplo del amor manifestado de parte de Dios en un matrimonio; volvieron a levantar un hogar, han tenido hijos; en otras palabras, son matrimonios sumamente felices en los que se nota que la presencia de nuestro Dios está con ellos, entonces, me pregunto de nuevo y les pregunto a ustedes, ¿quién soy yo para condenarlos? Estoy más que seguro que un día Dios nos explicará con detalle todo esto.

Al que escupe hacia arriba...

Hay un dicho muy común que dice *al que escupe hacia arriba, en la cara le cae.* He dicho que es muy fácil juzgar y condenar a aquel que posiblemente a cometido una falta pensando o creyendo que nosotros nunca la cometeremos... Era el año 1993, si mal no recuerdo, visitaba mi país El Salvador, muchos en mi colonia se acordaban de la mala vida que yo había llevado por años y por tal motivo se admiraban de que hoy llegara a mi país como un predicador de la palabra de Dios. Mi padre llegó un día y me dijo que un gran amigo de la familia era líder dentro de su iglesia y quería hablar conmigo; acepte ir a visitarlo y cuando lo vi pude recordarlo fácilmente como un buen cristiano de mi colonia; comenzamos a platicar de diferentes cosas relacionadas con mi viaje a El Salvador y de mi ministerio, y de pronto me dijo, ¿hermano usted cree que un cristiano puede divorciarse y volver a casarse?

Me quedé un tanto pensativo sabiendo que podía acarrearme problemas ya que es un tema muy controversial, así que mi respuesta fue que yo no puedo decir si está bien o mal, «considero», le expliqué, «que cada matrimonio es diferente y que cada uno enfrenta diferentes circunstancias que pueden llevarlos a la decisión de separarse, personalmente he podido ver hermanos que se divorciaron, se volvieron a casar y hoy son muy felices»... En ese momento comenzó a leerme todos los versículos que condenan el divorcio y se puso como ejemplo porque él llevaba ya varios años casados y por nada del mundo dejaría a su esposa. La conversación subió de tono por parte de él, al grado que casi me saca a empujones de su casa. La verdad, salí muy avergonzado de aquella casa, no por mi punto de vista sino por la posición radical de condenación de parte del hermano contra aquellos otros hermanos que deciden tomar la decisión de divorciarse.

Un año y medio después volví a ir de visita a El Salvador, a unos tres días de haber llegado, venía de hacer unas compras y entraba a mi colonia, de pronto vi que el hermano, con el cual habíamos tenido la discusión año y medio atrás, al mirarme bajó la cabeza y cambió de acera para no toparse conmigo. Al llegar a casa le comenté a mi padre sobre la reacción del hermano... «Cómo no va a bajar la cabeza y sentir vergüenza contigo», me dijo mi padre, «si hace un año dejó a su esposa por meterse con una muchacha de su propia iglesia, bien dice el dicho que *al que escupe hacia arriba, en la cara le cae*».

Esto me hace recordar lo que nos aconsejaba el apóstol Pablo, *«Amados hermanos, si otro creyente está dominado por algún pecado, ustedes, que son espirituales, deberían ayudarlo a volver al camino recto con ternura y humildad. Y tengan mucho cuidado de no caer ustedes en la misma tentación.»* Gálatas 6:1 NTV.

Esto es lo que molesta en muchos casos, la doble moral que se maneja dentro de muchas iglesias en las que si algún hermano lamentablemente se divorcia y se vuelve a casar es crucificado, condenado y en muchos casos hasta corrido de la congregación. Se nos hace fácil señalar y juzgar, sin ninguna misericordia o compasión, cuando no somos nosotros los que atravesamos por un problema matrimonial, pero cuando somos nosotros los culpables o los que realmente hemos cometido alguna falta, apelamos a que nos entiendan y ponemos diferentes argumentos y excusas para justificar nuestra falta. Mucha razón tenía nuestro Señor Jesucristo cuando dijo, *«¿Cómo te atreves a decirle a otro: "Déjame sacarte la basurita que tienes en el ojo", si en tu ojo tienes una rama? ¡Hipócrita! Primero saca la rama que tienes en tu ojo, y así podrás ver bien para sacar la basurita que está en el ojo del otro.»* Mateo 7:4-5 TLA.

Antes de juzgar o condenar a alguien piense en estos casos en particular y pregúntese que haría usted si fuera el que estuviera en tal situación. La Biblia es determinante y muy clara en cuanto a que nuestro Dios está completamente en contra de la separación familiar, y nosotros como ministros del evangelio y consejeros familiares estamos llamados por todos los medios a evitar que eso suceda, pero qué podemos hacer cuando suceden casos como los que voy a exponer seguidamente y cómo reaccionaría si fuera usted el que estuviera pasando por ellos.

El abandono

Uno de los temores más grandes que puede experimentar un matrimonio es el abandono por parte de uno de los cónyuges. Enfrentar esta situación en ningún caso es fácil, y para la esposa es más difícil cuando depende completamente del esposo y es éste quien decide irse del hogar.

Este conflicto, ya en sí mismo destructivo, se agrava en gran medida porque muchas de las parejas en esa situación no reciben consejo oportuno de un ministro o el apoyo de la iglesia, pese a que son miembros de una congregación. Sabemos que el querer retener a alguien a la fuerza a nuestro lado no es sano, mucho menos manipularlo con lágrimas o amenazas, esto a menudo lo único que provoca es que la determinación de irse se tome más pronto. No se sienta menos espiritual por sentir dolor y miedo por la separación, son sentimientos naturales que, manejados adecuadamente, pueden darnos la fortaleza para enfrentar y superar estos momentos, confiando en que el Señor Jesucristo nos dijo que Él estaría con nosotros siempre, *«Yo estaré siempre con ustedes, hasta el fin del mundo.»* Mateo 28:20 TLA.

Un hermano en la fe me llamó para solicitarme un consejo, su voz se escuchaba muy quebrantada, y entendí su quebranto cuando me contó que su esposa los había abandonado a él y sus dos hijas (esto no es muy usual, la mayoría de veces es el hombre quien abandona). Platicamos por un buen rato y con la ayuda de Dios el hermano pudo fortalecerse espiritualmente pese a la situación que atravesaba... Aproximadamente año y medio después recibí de nuevo una llamada de aquel hermano. Me comentó que su esposa había tenido un hijo con el hombre por el cual lo dejo a él; me dijo que siempre había mantenido la esperanza de que ella reflexionara y volviera a casa, pero con lo que había pasado no podía seguir esperándola más. Me explico que había comentado la situación con su pastor y le preguntó si podía divorciarse; el pastor dijo que no, y que si lo hacía no podría casarse hasta que su esposa muriera... «¿Esto es verdad?», me preguntó... «Bueno, legalmente usted sí puede separarse», le respondí, «porque puede comprobar en una corte que existió un abandono de hogar por parte de su esposa. Y, desde la perspectiva bíblica también puede hacerlo, ya que dice la Biblia que el único motivo por el cual una persona cristiana se puede separar de su cónyuge es por un acto de infidelidad, y esto también lo hizo su esposa. Aunque la reconciliación siempre es una opción, por lo que me ha dicho usted estaría dispuesto a reconciliarse, pero ella no, y si esto no es posible, está en condiciones de divorciarse».

«Pero ahora yo les digo que el hombre sólo puede divorciarse si su esposa tiene relaciones sexuales con otro hombre. Si se divorcia de su esposa por otra razón, la pone en peligro de cometer ese mismo pecado. Si esa mujer vuelve a casarse, tanto ella como su nuevo esposo serán culpables de adulterio.» Mateo 5:32 TLA.

Aquel hermano, me insistió, «¿Usted que dice, entonces me puedo volver a casar, o tengo que esperar hasta que mi esposa muera como dice mi pastor?» Traté de darle una respuesta sincera: «Para mí sería muy difícil e irresponsable decirle con toda certeza si puede volver a casarte o no, ya que la escritura que su pastor usa está en lo correcto, Sin embargo, yo también puedo a mi vez hacerle una pregunta, ¿considera que usted tiene el don de continencia? O sea, que si usted puede vivir sin tener relaciones sexuales hasta que Cristo venga o usted muera.» Su respuesta también fue honesta: «No lo creo, por eso quiero volver a casarme, pero mi pastor dice que no puedo». Ante su respuesta mi opinión fue que considerara el consejo que el apóstol Pablo le da a la iglesia.

> *«Yo preferiría que tanto los solteros como las viudas se quedaran sin casarse como yo; pero a cada uno Dios le ha dado capacidades distintas, a unos de una clase y a otros de otra. Pero si no pueden dominar sus deseos sexuales, es mejor que se casen. Como dice el dicho: "Vale más casarse que quemarse"».* 1 Corintios 7:8-9 TLA.

Años después, el hermano se casó de nuevo. Hoy en día Dios lo usa poderosamente dentro de la iglesia predicando y ayudando a otros matrimonios... Me pregunto, ¿qué hubiera pasado si le hubiera dicho que no se podía volver a casar? Así como a este hermano conozco a muchos otros, mujeres y hombres, que ante la imposibilidad de reconciliación con su cónyuge determinaron volver a casarse, y conforme a su desarrollo en su vida espiritual se puede dar testimonio que Dios ha bendecido sus hogares. De igual forma ha bendecido a otros que lograron encontrar la reconciliación y el perdón de su falta y rehicieron sus matrimonios.

No olvide que solo nuestro orgullo y nuestro ego pueden destruir lo que un día se hizo con amor, porque es el orgullo el que no nos deja perdonar; pero si puede perdonar, perdone, *«Sean comprensivos con las faltas de los demás y perdonen a todo el que los ofenda. Recuerden que el Señor los perdonó a ustedes, así que ustedes deben perdonar a otros.»* Colosenses 3:13 NTV.

El maltrato físico

Este es otro punto muy importante de analizar antes de juzgar o condenar a alguien por quererse divorciar debido al maltrato físico y verbal que recibe de su cónyuge. No me extenderé en este tema ya que anteriormente hable extensamente sobre el mismo. En ninguna parte de la Biblia encontramos un pasaje que hable directamente del tema del abuso físico conyugal, y que lo considere como una razón o autoridad para divorciarse. El apóstol Pablo, eso sí, aconseja directamente a los esposos que amen a sus esposas, *«Y ustedes los esposos deben amar a sus esposas y no ser groseros ni duros con ellas.»* Colosenses 3:19 TLA.

El abuso físico es contrario a todo lo que es piadoso. Nadie debería tener que vivir en un ambiente inseguro y violento. El abuso físico va contra la ley, y las autoridades deben ser las primeras en ser notificadas si esto ocurre. Si alguna hermana está siendo abusada debe buscar inmediatamente un lugar seguro. Con mucha más razón si hay niños involucrados, ellos deben ser protegidos y retirados de la situación.

No es pecado separarse de un esposo abusador; ¡ojo!, no digo divorciarse sino separarse, separarse es moral y correcto si la esposa lo hace para protegerse ella y a sus hijos. Pero, conozco pastores que le prohíben a una hermana dejar al esposo abusador, o por lo menos denunciarlo, y tienen la osadía de decirle a la hermana que esa es la voluntad de Dios y que es una carga que Dios quiere que ella supere... Siempre se ha dicho que nadie sabe lo que incomoda una piedra dentro del zapato, si no aquel que la tiene. Como ministros sabemos que la Biblia en ningún momento menciona que el abuso físico es una razón aceptable para el divorcio, pero debemos ser muy cuidadosos para determinar nuestro consejo sobre la separación. Claramente encontramos que Dios sí permite el divorcio en casos de abandono y adulterio, pero aun en situaciones como estas el divorcio sigue siendo el último recurso que un matrimonio debe considerar. En el caso de existir abuso físico, antes de pensar en un divorcio, puede existir una separación en mutuo acuerdo, buscar una consejería enfocada en la reconciliación y el perdón antes de pensar en un divorcio, *«Por el contrario, sean buenos y compasivos los unos con los otros, y perdónense, así como Dios los perdonó a ustedes por medio de Cristo.»* Efesios 4:32 TLA.

Si estás pasando por una situación de abuso físico en este momento, recuerda que Dios no quiere que te quedes en ese sufrimiento. No es la voluntad de Dios que aceptes el abuso físico, aunque así te lo haya dicho tu pastor, si tu pastor te obliga a callar este maltrato, denúncialo a él también; busca ayuda e infórmales inmediatamente a las autoridades. Nunca olvides buscar la protección y cobertura de nuestro Dios durante todo este proceso, ora por la guía y protección del Señor Jesucristo en tu vida.

¿Si no me puedo divorciar estoy condenado a ser infeliz el resto de mi vida?

Sabemos que, conforme a lo establecido por Dios en las Sagradas Escrituras, el matrimonio es para toda la vida, Dios odia el divorcio; esto significa que literalmente el divorcio no estaba contemplado en el plan original de Dios para la familia. El deseo de Dios desde el principio de la creación es que el matrimonio sea una unión duradera hasta que la muerte los separe, lamentablemente el divorcio va en aumento cada día e incluso algunos cristianos consideran en muchos casos que es inevitable que esto ocurra aun dentro de nuestras propias iglesias.

Como expresé al principio de este libro, el divorcio es un tema controversial y los cristianos no nos ponemos de acuerdo sobre si Dios permite o no el divorcio y un nuevo matrimonio. Acercándonos ya al final del texto, me parece conveniente reiterar que no pretendo que este libro sea tomado como un dogma a seguir para los matrimonios, ya que no soy un teólogo o erudito de la palabra, pero sí pretendo que les sirva para tomar decisiones conforme a la palabra de Dios, en caso de enfrentar la decisión de divorciarse.

También quiero recalcar rigurosamente que nos han hecho creer que existen dos matrimonios; algunos hermanos me dicen «yo creo que me puedo divorciar porque no me he casado todavía por la iglesia». Incluso algunos ministros enseñan que ellos pueden disolver un matrimonio si consideran que en realidad surgió un engaño en la relación matrimonial. Esto es completamente erróneo e ilegal, el único matrimonio que existe es aquel que se efectúa frente a las autoridades o sea el que usted tuvo en Corte; yo he realizado varios matrimonios y gracias a Dios hasta hoy ninguno ha terminado en divorcio. Pero yo no tengo licencia para casar, por lo que les pido a los futuros esposos que se vayan a casar a la corte, me presenten la licencia firmada donde certifican que están casados y yo lo único que realizo es una ceremonia religiosa dentro de una iglesia. Si un ministro tiene licencia para casar, la única diferencia es que él está autorizado para firmar la licencia de matrimonio y yo no, pero el matrimonio no es por la iglesia.

Tanto hermanas como hermanos cristianos me han preguntado con diferentes palabras, «¿si no me puedo volver a casar estoy condenado a ser infeliz el resto de mi vida?» Mi respuesta a esta inquietud en principio es la palabra bíblica.

«Pero a los que ya están casados, les doy este mandato, que no es mío, sino del Señor: que la esposa no se separe de su esposo. Ahora bien, en caso de que la esposa se separe de su esposo, deberá quedarse sin casar o reconciliarse con él. De la misma manera, el

esposo no debe divorciarse de su esposa.» 1 Corintios 7:10-11 DHH.

Este versículo es el que muchos pastores toman para condenar a muchos a vivir en una vida de adulterio y fornicación, ya que, al no tener el don de continencia, a escondidas viven una vida de pecado cometiendo diferentes inmoralidades sexuales. El apóstol Pablo aconseja lo siguiente: *«Pero si no pueden dominar sus deseos sexuales, es mejor que se casen. Como dice el dicho: "Vale más casarse que quemarse."»* 1 Corintios 7:9 TLA.

Muchos señalamos y exigimos lo que ni nosotros podemos cumplir; en la iglesia se usa la doble moral, cuando algo no nos afecta a nosotros bien sentimos potestad para señalar a otros, juzgamos y condenamos.

A punto de concluir, quiero hacer una recapitulación en cuanto a si estoy a favor del divorcio.

Mi respuesta inmediata y directa es que no, de ninguna manera. Pero sí creo que antes de apoyar o rechazar el divorcio debemos conocer el propósito de Dios en la restauración familiar. Con la ayuda de Él, el divorcio no es necesario. Si su cónyuge practicó alguna inmoralidad sexual, el divorcio es moralmente permitido mas no necesario. Conozco a muchas parejas que con la ayuda de Dios han sido capaces de restaurar sus matrimonios después de un golpe tan bajo y devastador, porque es indudable que Dios desea curar y restaurar los matrimonios que han sido rotos y heridos.

No olvide que el único argumento válido para divorciarse es el expuesto antes: el adulterio. Pero le aconsejo que usted como cristiano le ore mucho al Señor antes de tomar una determinación sobre el divorcio, en última instancia, solo usted puede tomar la decisión de divorciarse y volverse a casar, esta decisión es tomada únicamente entre usted y Dios, pero no olvide que Él puede y quiere restaurar y revivir el amor en su relación.

Muchos supuestos defensores de la fe cristiana tienen una postura radical sobre divorciarse y volverse a casar. A menudo esto ha sido visto como un pecado casi imperdonable, *«Honroso sea en todos el matrimonio, y el lecho sin mancilla; pero a los fornicarios y a los adúlteros los juzgará Dios.»* Hebreos 13:4 RV.

Piense muy bien en ese versículo, dice claramente que a los fornicarios y adúlteros los juzgara Dios, no dice los condenará Dios, sino los **juzgará** Dios (otra versión dice los castigara Dios); entonces no usurpemos un lugar que no nos corresponde, dejemos que sea Dios el que los juzgue o el que los castigue.

Finalizo con esto, aquellos que han experimentado el dolor y el sufrimiento de un divorcio necesitan saber que el divorcio no se presenta en las Sagradas Escrituras como un pecado imperdonable. Este es un pecado como todos los demás pecados. Dios es el único que perdona el pecado. Muchos han conocido la gracia y misericordia de Dios en medio del divorcio y sus secuelas. Esta experiencia les ha ayudado a recuperarse de un fracaso matrimonial y a establecer un matrimonio perdurable, sólido y centrado en el fundamento de Cristo Jesús. En Dios siempre hay una esperanza, siempre está la promesa de redención, la cual nos da las fuerzas para enfrentar todos los desafíos que la vida nos presenta.

«Mis queridos hijos, les escribo estas cosas, para que no pequen; pero si alguno peca, tenemos un abogado que defiende nuestro caso ante el Padre. Es Jesucristo, el que es verdaderamente justo. Él mismo es el sacrificio que pagó por nuestros pecados, y no sólo los nuestros sino también los de todo el mundo.» 1 Juan 2:1-2 NTV.

OTROS LIBROS DEL AUTOR

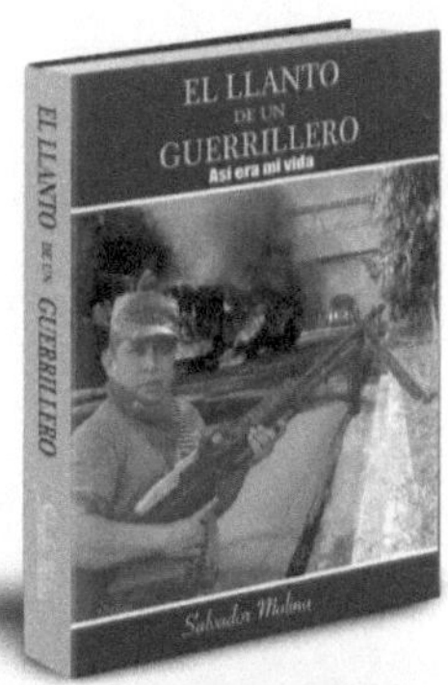

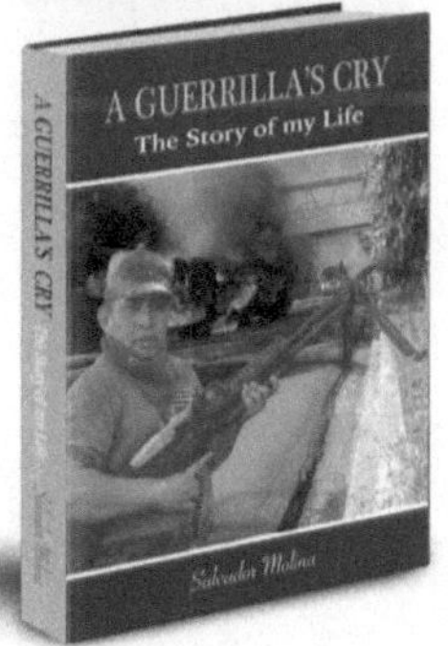

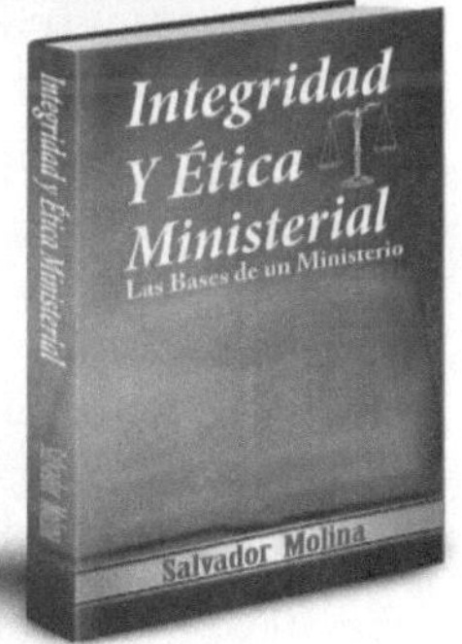